ATIVIDADES INTERDISCIPLINARES DE **ARTE** E **MEIO AMBIENTE**

Dados Internacionais de Catalogação na Publicação (CIP)
(Câmara Brasileira do Livro, SP, Brasil)

Ferreira, Aurora
Atividade interdisciplinares de arte e meio ambiente : trabalhando projetos educacionais / Aurora Ferreira. – 1. ed. – Petrópolis, RJ : Vozes, 2021.

ISBN 978-65-5713-182-4

1. Arte - Educação 2. Ativiades criativas 3. Educação – Finalidades e objetivos 4. Interdisciplinaridade na educação 5. Meio ambiente 6. Projeto pedagógico I. Título.

21-57230 CDD-371.36

Índices para catálogo sistemático:
1. Projetos pedagógicos : Práticas interdisciplinares : Educação 371.36

Maria Alice Ferreira - Bibliotecária - CRB-8/7964

AURORA FERREIRA

ATIVIDADES INTERDISCIPLINARES DE **ARTE** E **MEIO AMBIENTE**

TRABALHANDO PROJETOS EDUCACIONAIS

Petrópolis

© 2021, Editora Vozes Ltda.
Rua Frei Luís, 100
25689-900 Petrópolis, RJ
www.vozes.com.br
Brasil

Editoração: Leonardo A.R.T. dos Santos
Diagramação: Sheilandre Desenv. Gráfico
Revisão gráfica: Fernando Sergio Olivetti da Rocha
Capa: Renan Rivero

ISBN 978-65-5713-182-4

Editado conforme o novo acordo ortográfico.

Este livro foi composto e impresso pela Editora Vozes Ltda.

Aos queridos Felipe, Roberto,
Jasminie e Beatriz.
Aos meus alunos, crianças, jovens e
adultos que muito me ensinaram.

Quando o conhecimento é vivo, ele se torna parte do nosso corpo: a gente brinca com ele e se sente feliz no brinquedo. A educação acontece quando vemos o mundo como um brinquedo, e brincamos com ele como uma criança brinca com a sua bola. O educador é um mostrador de brinquedos.

Rubem Alves, 2003, p. 117.

Sumário

Apresentação

A arte é uma necessidade na vida do ser humano. É importante para a formação da criança na medida em que desenvolve a sensibilidade, a percepção e o intelecto. Também, para as crianças, as brincadeiras são de grande importância no seu desenvolvimento. Brincar contribui para a formação intelectual, social e emocional, uma vez que a criança registra o mundo pelo olhar lúdico. Portanto, a arte é rica e proporciona uma aprendizagem ampla.

Na atualidade, a leitura e a releitura das imagens representam o nosso cotidiano. As imagens estão em toda a parte: cinema, televisão, vídeo, computador, *outdoor*. Vivemos rodeados de imagens. Diante disso, surge a questão sobre como os educadores consideram sua prática pedagógica em sala de aula. A escola não pode ficar alheia a esse fato, ela necessita rever sua metodologia e se adequar à atualidade. A educação necessita repensar e reformular seu currículo para corresponder melhor às demandas da atualidade e às necessidades dos alunos.

A finalidade principal deste livro é promover uma atividade direcionada para a arte e o lúdico por meio de atividades interdisciplinares que envolvam o meio ambiente, trabalhando a arte, a literatura, a matemática e as ciências em geral. As atividades são desenvolvidas por meio de jogos e brincadeiras, abordando-se a linguagem oral e a escrita em atividades de literatura infantil. Também são apresentadas algumas atividades de arte, desenvolvidas no computador, uma vez que a arte e a tecnologia já fazem parte da vida da criança e do jovem no mundo atual. Segundo Paulo Freire (1996, p. 110): "Ensinar exige compreender que a educação é uma forma de intervenção no mundo".

A arte tem papel de destaque nessa educação integradora e transformadora. Cabe a ela criar situações no processo de educação que instiguem a curiosidade, a dúvida, a percepção e a sensibilidade, tendo uma função decisiva na construção dos cidadãos do futuro. Além de tudo isso, a arte também é prazer!

Na educação, a arte é um instrumento que poderá desenvolver valores culturais e despertar a criatividade do aluno, levando-o a descobrir sua capacidade inventiva por meio do despertar do gosto estético e do interesse pelas atividades artísticas. "Com a arte, trabalhamos a sensibilidade e a possibilidade de relação criativa com o mundo". Paulo Freire (1996, p. 29), completa: "E essas condições implicam ou exigem a presença de educadores criadores, instigadores, inquietos, rigorosamente curiosos, humildes e persistentes".

Também na arte os alunos deverão saber utilizar as diferentes linguagens como meios para produzir e comunicar ideias, questionando a realidade onde estão inseridos, formulando problemas e tentando resolvê-los, servindo-se do raciocínio lógico, da criatividade, da intuição, da capacidade de análise crítica. Em suma, eles poderão se tornar conscientes da existência de uma produção social e perceber que essa produção tem história (PCNs, 2000).

O professor deve propiciar um clima de trabalho em que a curiosidade, o constante desafio perceptivo, a qualidade lúdica estejam presentes para que aconteça o processo de criação Segundo Alves (2003, p. 44): "Uma das tarefas mais alegres de um educador é provocar nos seus alunos a experiência do espanto. Um aluno espantado é um aluno pensante".

Outra importante ação interdisciplinar é o ensino por meio de projetos. Essa atividade favorece a aprendizagem significativa, motiva o aluno e propicia a oportunidade de trabalho socializado e com autonomia. Os projetos podem envolver ações entre disciplinas, como, por exemplo, Língua Portuguesa e Arte, ou Matemática e Arte, e assim por diante. Os temas transversais também são favoráveis para o trabalho com projetos em arte.

Conclui-se que, na ação interdisciplinar, o processo de ensino-aprendizagem pode criar condições para que o aluno desenvolva a consciência crítica e reflexiva, estabelecendo relações entre ideias, assimilando e socializando conhecimentos para suas vivências, e também tornando o ensino prazeroso para o aluno, onde a aprendizagem acontecerá mais facilmente.

Sugiro um curso dedicado a
despertar o sentido histórico:
história dos objetos: fogo, panelas,
fósforos, chaves, ferramentas,
canetas, garrafas, remédios,
comidas, terminando com um
estudo histórico sobre escolas,
currículos e professores.
Rubem Alves (2003, p. 105).

Parte 1

Atividades interdisciplinares

Iniciamos aqui as atividades práticas de criação, direcionadas a crianças da Educação Infantil e Ensino Fundamental (1ª a 4ª séries).

Atividade 1

Trabalho

1) Iniciando esta atividade, o professor poderá apresentar uma gravura que represente trabalhadores.

2) Sugestão: a obra de Candido Portinari *Café* (1935).

3) Fazer uma leitura da obra *Café* com as crianças.

4) Após a leitura, o professor poderá inserir outros assuntos, como: a vida cotidiana nas fazendas de café, trabalhadores rurais, a terra, a família, as profissões. Se a turma estiver alfabetizada, poderá ser proposta uma pesquisa sobre a trajetória cafeicultora no Brasil. Como o café chegou aqui? Quem eram os imigrantes que vieram trabalhar nas fazendas de café? Como eles viviam nessas fazendas, e como vivem hoje? Como está a situação do café hoje, no Brasil?

Trabalhar as profissões

- Apresentar como vivem os trabalhadores rurais.

- Comparar o trabalho do campo com o da cidade.

- Criar um trabalho plástico, utilizando gravuras de revista, mostrando trabalhadores no mundo contemporâneo (criar uma releitura da obra *Café*).

Nesta parte, o professor poderá propor brincadeiras que envolvam as profissões (trabalhar a expressão corporal): os alunos, um de cada vez, fazem a mímica de uma profissão (poderá ser a profissão que o aluno pretende seguir ou a profissão dos pais). Todos em volta deverão adivinhar de que profissão se trata.

Ao falar sobre trabalho, o professor poderá inserir atividades de leitura e dramatização, utilizando a fábula "A formiga e a cigarra". Poderá ser feita uma releitura da história. Dando sequência às atividades sobre a fábula, também poderão ser mencionadas as estações do ano, diferenciando frio e calor.

Dramatização

É de grande relevância que o professor desenvolva com bastante frequência atividades de dramatização.

A criança, desde pequena, dramatiza. Dessa forma, ela associa a realidade à fantasia e, com frequência, se identifica com o personagem. Isso pode acontecer quando ela brinca no mundo encantado do "faz de conta". Na dramatização, a criança expande sua imaginação, adquire novas experiências e socializa, expondo suas ideias livremente. Também o jovem e o adulto poderão desenvolver atividades de dramatização (FERREIRA, 2012).

O professor poderá propor brincadeiras dramatizadas voltadas para a atividade musical. Temos como exemplo:

Passa, passa gavião
Passa, passa gavião
todo mundo é bom (bis),
A (profissão) faz assim, assim, assim (bis).

Canta-se e imitando os gestos característicos de cada profissão, repetindo sempre o refrão.

Uma variação possível é cada criança ir ao centro da roda, cantando e fazendo somente gestos referentes a uma profissão para que todos adivinhem qual é.

Após as brincadeiras cantadas, o professor poderá inserir atividades sobre o solo brasileiro, a questão da terra.

A modelagem

- Propor uma pesquisa sobre a terra, o barro: De onde vem o barro?

Na atividade de modelagem, poderão ser trabalhados escultures brasileiros como Mestre Vitalino e Aleijadinho. Diante disso, o professor poderá encaminhar atividades relacionadas à diversidade cultural.

Para lembrar Mestre Vitalino

Mestre Vitalino na verdade se chamava Vitalino Pereira dos Santos e nasceu em Caruaru, Pernambuco, em 1909, e faleceu em 1963. Desde pequeno, modelava boizinhos, bonecos, e logo começou a vender os seus personagens. Aos vinte anos, criou seus primeiros grupos humanos, que retratavam soldados e cangaceiros, retirantes. Sua criatividade era tão grande, que se transformou no maior ceramista popular do Brasil.

O trabalho do artista percorre o mundo e já foi exposto no Museu de Nova York. Seus filhos continuaram o seu trabalho, retratando a vida nordestina.

Trabalhando os pés

Na obra *Café*, notam-se, em destaque, os pés e as mãos disformes dos trabalhadores. O texto que Portinari (1958, p. 66) escreve em *Retalhos de minha vida de infância* demonstra essa visão do artista:

> *Impressionavam-me os pés dos trabalhadores das fazendas de café.*
> *Pés disformes. Pés que podem contar uma história.*
> *Confundiam-se com as pedras e os espinhos.*
> *Pés semelhantes aos mapas: com montes e vales, vincos como rios.*
> *Pés sofridos com muitos e muitos quilômetros de marcha. Pés que só os santos têm.*

O professor deverá iniciar esta atividade fazendo comentários sobre os pés dos personagens criados por Portinari. Convém fazer a seguinte pergunta aos alunos: Para que servem os pés? E, em seguida, criar depois uma história sobre os pés (pode ser uma música ou uma poesia).

A história: José, o esportista

Era uma vez um menino muito pobre que vivia no interior do Brasil. Ele se chamava José.

Esse menino morava muito longe da cidade. Como precisava estudar e trabalhar, e não tinha dinheiro para pagar qualquer condução, era obrigado a correr muito para chegar na hora certa na escola e, mais tarde, no trabalho. Começou cedo a trabalhar para ajudar a família. Sua mãe trabalhava como doméstica.

Aí, José tomou gosto pelos esportes. Percebeu que podia correr muito, que era bom nisso.

Mas, eis que surge o problema: não tinha dinheiro para treinar nem para comprar um par de tênis.

Nisso, apareceu uma ajuda para José. Ele ganhou um par de tênis usados. Só que os tênis eram menores do que o seu pé. Mas José não desanimou, calçou os tênis apertados e, com muito sacrifício, conseguiu vencer várias corridas.

Depois disso, o esportista tornou-se um grande atleta e participou de importantes competições.

Hoje, José pode ter uma coleção de tênis[1].

Outra história: O pé de sapato

Dois irmãos moravam numa casa humilde e estudavam, com muito sacrifício, na escola pública do bairro.

A família passava por grandes dificuldades financeiras. Não tinham pai, e a mãe estava doente e desempregada.

Devido à extrema pobreza da família, ganharam uniformes da direção da escola. No entanto, só tinham um par de sapatos. Como resolver esse problema?

Tiveram uma ideia: como também só tinham um par de chinelos, cada um calçou um pé de sapato e um pé de chinelo. No pé de chinelo, cada um amarrou um pano velho para aparentar que estava com o pé machucado.

Durante muito tempo, utilizaram esse artifício para poderem estudar. Até que as pessoas da escola começaram a perceber que algo estranho estava acontecendo com os pés dos dois irmãos.

1 História baseada na vida real de um atleta corredor brasileiro.

A diretora da escola conversou com eles e então descobriu que eles não tinham os pés machucados, e sim que não tinham dois sapatos.

Depois disso, eles ganharam sapatos novos doados pela escola[2].

A partir dessas duas histórias, o professor poderá trabalhar as diferenças sociais. Debater com os alunos o seguinte provérbio: "Queixei-me de que não tinha sapatos. Mas consolei-me, pois vi um homem que não tinha os pés".

Atividades plásticas

- Pintar a sola dos pés com guache. Andar sobre uma folha de papel grande, dançando ao som de uma música. No final, completar o trabalho plástico, usando pintura ou colagem. A atividade pode ser em grupo.
- Recortar as figuras de uma cópia da obra *Café* para confeccionar um flanelógrafo. Colar retalhos da flanela em cada figura recortada, deixando os alunos criarem uma nova composição para a obra de Portinari no quadro (flanelógrafo).
- Cortar uma cópia da obra *Café* em quadrados. Dividir a turma em grupos. Cada grupo irá pintar um pedaço da obra usando

2 História real vivida por alunos de uma escola pública do Rio de Janeiro.

guache sobre uma cartolina. No final, é montado um grande painel com todas as partes, formando o trabalho integral.

Confecção do flanelógrafo

Os materiais necessários para confeccionar um flanelógrafo são uma folha de papel-cartão ou um pedaço de papelão (base) e um pedaço de flanela do mesmo tamanho da base.

Para fazê-lo, primeiro passe a cola com um pincel em toda a base e imediatamente cole a flanela bem esticada, fazendo um acabamento nas bordas. Espere secar.

Para utilizar o flanelógrafo é necessário colar retalhos de flanela por trás da figura. Essas figuras serão colocadas sobre o flanelógrafo e retiradas quando necessário.

O flanelógrafo é um recurso que tem várias utilidades: alfabetizar, contar histórias e trabalhar todos os conteúdos.

Trabalhando as mãos

> **A mão**
> *Entre o cafezal e o sonho*
> *o garoto pinta uma estrela dourada*
> *na parede da capela,*
> *e nada mais resiste à mão pintora* (DRUMMOND DE ANDRADE, 1996, p. 53).

1) A partir da poesia, elaborar diversas atividades:

- criar uma história;
- inventar brincadeiras;
- criar trabalhos plásticos.

Brincadeira cantada

Esta brincadeira pode ser desenvolvida com as crianças na educação infantil. Seu objetivo é despertar nelas a percepção sobre a mão direita e à esquerda.

Pirulito que bate, bate...

Formação: as crianças em dupla, uma de frente para a outra.

Desenvolvimento: todos cantam e batem palmas no ritmo da música, alternando sempre os três gestos:

- mão direita de um com a mão direita do outro colega que está em frente;
- todos batem palmas individualmente;
- mão esquerda de um com a mão esquerda do outro.

Atividades plásticas

- Propor aos alunos que, utilizando uma caneta hidrocor, contornem a própria mão e escrevam nas pontas dos dedos: "mindinho", "seu vizinho", "pai de todos", "fura-bolo", "mata-piolho". No final, eles criam uma história com esses personagens. Pintam depois os dedos e apresentam um teatrinho de fantoches com seus dedos pintados.

• Nesta mesma atividade, os alunos poderão contornar sua mão com caneta hidrocor e, após, decorar artisticamente os contornos da mão (fig. 1).

• Passar guache na palma da mão da criança e a seguir carimbar no papel. A figura 2 apresenta uma guirlanda produzida com as mãos carimbadas.

• Contornar as mãos com hidrocor ou giz de cera sobre uma folha de jornal. Recortar e colar sobre papel branco, fazendo uma composição que será decorada posteriormente com guache, cola colorida ou caneta hidrocor.

• Sobre uma folha branca, o aluno irá contornar suas mãos com caneta hidrocor, fazendo uma bonita composição. Preencher depois as formas, usando pontos e linhas com a caneta hidrocor (fig. 3).

• Elaborar um desenho ambidestro: pegar um giz de cera ou caneta hidrocor em cada uma das mãos, desenhando ao mesmo tempo com as duas mãos, como se fosse um único desenho que poderá ser criado livremente pelo aluno (fig. 4).

• Pintar blusas com as mãos, utilizando tinta de tecido.

Aproveitando o tema (mãos), podem-se propor atividades direcionadas para o racismo e diferenças sociais para trabalhar relacionamentos de afetividade entre os alunos:

- Criar dobraduras em que as figuras estejam de mãos dadas (fig. 5, 6 e 7). Variação: figuras de mãos dadas em círculo (fig. 8 e 9).

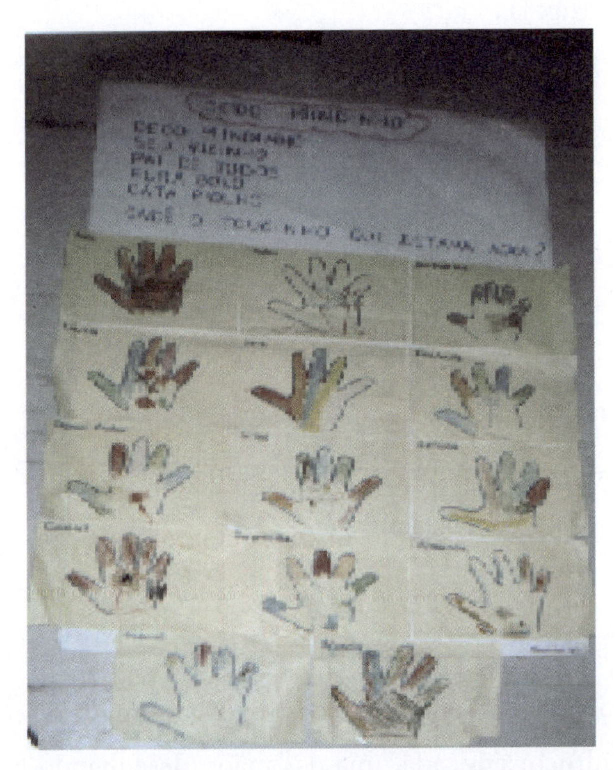

Figura 1 – Trabalho de alunos da Educação Infantil do Instituto Superior de Educação.

Figura 2 – Composição usando mãos pintadas. Trabalho dos alunos da Educação Infantil do Instituto Superior de Educação.

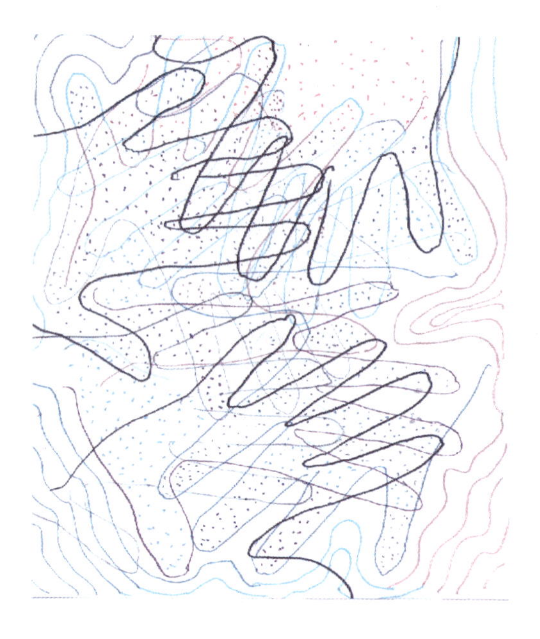

Figura 3 – Composição usando as mãos, pontos e linhas.

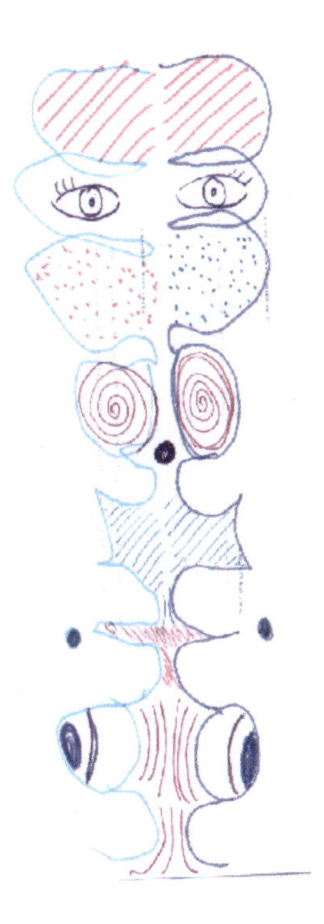

Figura 4 – Desenho ambidestro com o nome "Maria".

Figuras dobradas

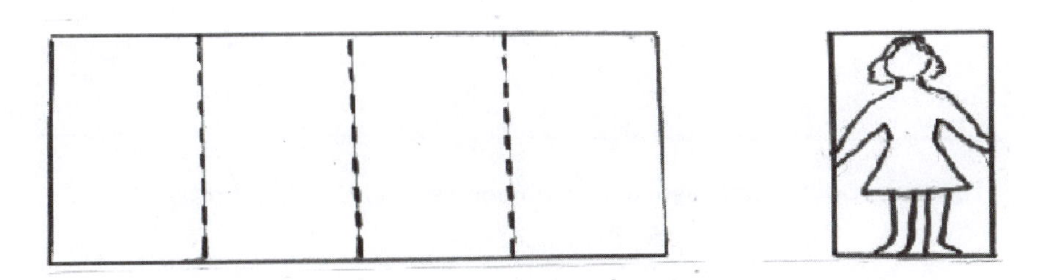

Figura 5 – Cortar um retângulo comprido. Dobrar como uma sanfona.

Figura 6 – Depois de dobrada, recortar a figura sem desprender as mãos.

Figura 7 – Figuras dobradas e recortadas.

Figuras em círculo

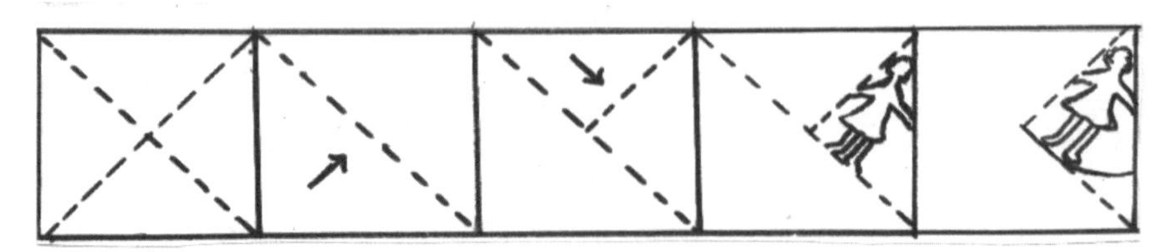

Figura 8 – Dobrar em diagonal e ir dobrando seguindo a seta. Cortar a figura sem desprender as mãos.

Figura 9 – Desenhos dobrados em círculo e recortados.

Sugestões: ao focar nas desigualdades sociais, o professor poderá trazer ao conhecimento do aluno o trabalho de artistas menos favorecidos socialmente. Em Belo Horizonte, foi criado um projeto chamado "O Bordado como Forma de Representar o Mundo", desenvolvido com crianças de cinco anos.

Esse projeto foi inspirado em Arthur Bispo do Rosário. O artista sergipano que passou sessenta anos internado na Colônia Juliano Moreira, no Rio de Janeiro, e faleceu em 1989, aos 80 anos.

Inicialmente, a professora da turma sugeriu que os alunos fizessem um tapete de retalhos, e cada um bordou nos retalhos os elementos que mais lhes agradavam. Meses depois, eles montaram o tapete. Somente depois que o tapete ficou pronto, a professora mostrou a imagem de Arthur Bispo do Rosário, que trabalhava com bordado, e também apresentou a obra do artista. A reação dos alunos foi de espanto, pois, segundo a professora, todos acreditavam que os artistas eram ricos e famosos, bonitos e jovens, que morariam em uma mansão e não em uma colônia. No final, a professora contou a vida e a obra de Arthur Bispo do Rosário aos alunos.

Atividade 2

A família e o meio ambiente

"Eu e minha mãe" – Desenho de uma criança de seis anos.

- Observando uma imagem que retrate uma família, criar com a turma uma história sem final. Cada aluno elabora um final diferente. Todos contam o final que deram para a história, que poderá ser ilustrada.

• Trabalhando a família, fazer uma colagem onde os personagens da imagem anterior são substituídos por gravuras de uma revista. Este trabalho poderá ser em grupo ou individual.

• Propor aos alunos que desenhem a cidade ou o bairro onde nasceram.

• Utilizando sucata, propor que organizem uma família, de acordo com a criatividade de cada um. Poderão ser utilizados: caixas, garrafas, potes de iogurte ou qualquer material de sucata.

Sucata

A reciclagem deve ser entendida como uma necessidade para a solução de resíduos sólidos, do ponto de vista ambiental. Ela deve ser estimulada ao longo de todo processo de formação da criança, despertando nela o compromisso de ser cidadã consciente de seu papel na sociedade. Desde cedo, a criança deve ser estimulada a criar atividades referentes à reciclagem (FERREIRA, 2012).

Os brinquedos

O uso de sucata em atividades de construção de jogos e brinquedos favorece a aprendizagem criativa e o desenvolvimento da imaginação e da fantasia infantil. Por meio dessa atividade, a criança pode satisfazer suas necessidades afetivas e emocionais, ao mesmo tempo em que vai se desenvolvendo no nível das habilidades motoras, da expressão, da interação social e da cognição. Além disso, podem ser utilizados materiais diferentes dos tradicionais (FERREIRA, 2012).

- Criar brinquedos de sucata por meio de caixas, garrafas pet ou qualquer tipo de garrafa, rolos de papel, copos de iogurte, chapinhas, entre outros materiais.

Os alunos poderão criar livremente seus brinquedos, orientados pelos professores. Para os alunos maiores ou adultos, os trabalhos com sucata podem ser utilitários como porta-lápis, bolsas, vasos para flores.

Sugestões: ao trabalhar com sucata, o professor poderá encaminhar uma pesquisa sobre o meio ambiente e a necessidade da reciclagem de materiais.

O professor poderá criar ainda um projeto para reciclar o papel com a participação de toda a escola. Com o papel reciclado serão confeccionados: cartões, objetos de artesanato, livros de receitas, caderninhos de anotações, entre outros.

Aproveitando o colorido da obra, o professor pode ainda falar sobre as cores e sobre o uso da monocromia e da policromia. **Monocromia** é o tipo de pintura em que se utiliza uma única cor, misturando-se a ela o preto ou o branco. **Policromia** é aquela em que se utilizam várias cores.

Pode-se ainda aproveitar o assunto sobre cores e falar sobre as cores naturais. Nesse contexto, pode-se explorar o tema da arte rupestre e a pré-história.

Breve história da pré-história

A criatividade sempre esteve presente na história da humanidade. Podemos observar que o homem, ao longo do seu desenvolvimento, procurou soluções para resolver seus problemas. Ao criar armas para caçar, conseguiu alimentos e roupas; ao descobrir o fogo, conseguiu o cozimento dos alimentos e também aquecer-se do frio, garantindo, assim, a sua sobrevivência.

O homem primitivo, além de usar os animais caçados como alimento, aproveitava a pele para vestir-se, utilizava ossos carbonizados e triturados, além de carvão vegetal para contornar seus desenhos nas grutas. Esses pigmentos eram misturados à gordura, obtida com a caça. Também usavam pigmentos coloridos, extraídos de frutas e folhas da própria terra.

Para pintar, utilizaram, a princípio, os dedos e depois criaram pincéis rudimentares, feitos de pelos e penas de animais. Os desenhos gravados nas grutas que lhes serviam de abrigo representam toda a sua vida; conservam até os dias de hoje seus desenhos criativos, mostrando, com isso, que a criatividade faz parte da vida do homem.

Criando tintas

Tinta anilina – Aproveitar retalhos de papel crepom para fazer tintas. Colocar os pedaços de papel crepom num recipiente, acrescentar uma colher de álcool e uma xícara de água. Deixar de molho por algumas horas. Espremer o papel, que será jogado fora. Está pronta a tinta anilina.

Tinta de urucum – Misturar um copo de água com duas colheres de urucum (pode ser natural ou comprada em mercados), uma colher bem rasa de farinha de trigo. Cozinhar, e depois misturar um pouco de cola.

Tinta de vegetais – Trata-se de uma tinta feita de espinafre (cor verde). Para fazê-la é necessário triturar bem o espinafre, fervê-lo, coá-lo e depois acrescentar uma colher de cola (se quiser, pode usar a mistura sem ferver). Essa mesma tinta poderá ser feita com cascas de cebola secas, que deverão ser fervidas (cor amarela), e também com beterraba (cores vermelha, grená, rosa).

Tinta de carvão – Socar bem o carvão, misturar água ao pó e depois coá-la com o auxílio de um pano. Em seguida, acrescentar um pouco de cola à mistura. Está pronta a tinta preta ou cinza.

As tintas estão prontas. Os pincéis poderão ser construídos com cordas. O pedaço de corda deverá ser desfiado e cortado do tamanho das cerdas dos pincéis, em seguida esses pedaços podem ser amarrados a lápis ou a canetas sem carga (ou outro material qualquer).

Atividades

O espantalho e as plantações

Releitura da obra de Portinari – Desenho de uma criança de seis anos.

1) Iniciar conversando com os alunos sobre:

• a vida no campo, as plantações, a colheita. Neste tópico, pode-se questionar as crianças: "O que é um espantalho?" "Para que serve um espantalho?";

• os fenômenos meteorológicos: chuva, tempestade, trovão, descarga elétrica.

O professor poderá orientar uma pesquisa sobre a vida no campo e os fenômenos meteorológicos, direcionada principalmente para o tema das tempestades. Essa pesquisa pode ser feita em jornais, abordando as tragédias que os temporais têm causado no mundo.

Pedir para que todos juntos elaborem uma história no quadro de giz, de acordo com o título da obra. Os alunos vão construindo a história e o professor vai escrevendo, até chegar ao final. A seguir, cada um faz uma ilustração para a história.

2) O professor conta para os alunos uma história:

A história (criação de uma história)

Na casa de Gustavo tinha um belo pé de amora. A árvore estava carregada de frutos. No entanto, as amoras começaram a desaparecer misteriosamente. Gustavo andava intrigado com isso e um dia resolveu investigar.

Aí, um belo dia, ele descobriu que quem comia as amoras era um bando de passarinhos. O que fez Gustavo? O menino pensou, pensou. Ele não queria que nada de mal acontecesse aos passarinhos, e então teve a ideia de construir um espantalho, somente para espantar os pássaros.

Gustavo procurou material para iniciar o trabalho. Pegou dois pedaços de pau e pregou como se fosse uma cruz. Depois, como não encontrasse outros materiais, fez o espantalho de papel e o pintou usando tinta guache. Ficou um espantalho bem artístico!

O menino pregou o espantalho bem perto das árvores. A ideia deu resultado. Os passarinhos sumiram e Gustavo voltou a comer as amoras.

Infelizmente aconteceu algo imprevisto. Veio uma seca terrível e todas as árvores e plantações secaram. Ficaram somente os galhos secos. Mas o espantalho estava lá, sempre de prontidão.

Os meses se passaram e, um dia, desabou uma terrível tempestade. Vento, relâmpago, trovoada, raios cortando o céu de todos os lados. Gustavo ficou apavorado!

Quando a tempestade cessou, o menino percebeu que o espantalho tinha desaparecido. Restou somente a cruz, que era o seu apoio. O papel tinha se dissolvido na chuva.

O menino ficou muito triste, pois, com o passar do tempo, tinha se habituado a ver, todos os dias, o espantalho.

No entanto, como Gustavo era muito persistente, não perdeu tempo. Resolveu plantar outra árvore frutífera e em seguida construiu outro espantalho. Só que desta vez usou material mais consistente e durável, garrafas de plástico. No final exclamou: que belo espantalho!

Essa história poderá ser criada individualmente ou em grupo.

Trabalhando o texto

Desenvolvendo a linguagem oral e a imaginação

- Que título poderia ser dado à história?
- Todos conhecem a fruta chamada "amora"?

- Poderá ser proposta uma pesquisa sobre o valor nutritivo das frutas.
- Além de comer essa fruta, o que mais podemos fazer com ela?
- Por meio dessa atividade será organizado um livro de receitas.
- Que outros materiais consistentes e duráveis poderiam ser usados por Gustavo?
- Que outra árvore frutífera você acha que Gustavo plantou?
- Pesquisar o significado das seguintes palavras da história: "investigar", "imprevisto", "desabou", "apavorado", "cessou", "dissolvido", "habituado", "persistente", "durável".
- Criar uma ilustração, alterando o final da história.
- Criar uma dramatização sobre a história contada (o professor estimula os alunos a fazer mudanças no texto).
- Na dramatização, os alunos poderão trabalhar os ruídos: chuva, trovão, raios.

Sugestões: organizar com seus alunos um passeio pelo bairro ou pelas dependências externas da escola. A seguir, propor que ouçam com atenção os sons da natureza: o vento, o canto dos pássaros. Comparar esses sons com os produzidos pelos meios de transportes e pelas pessoas circulando pelo ambiente. Ao comparar os sons, leve-os a perceber as diferenças: duração, intensidade. Ao voltar para sala, o professor propõe a criação de sons produzidos por vários objetos, inclusive o som do papel rasgado e amassado.

Atividade

Em círculo, cada criança inventa um som com uma folha de jornal e faz a sua apresentação. Depois, todos juntos apresentam a "orquestra".

O professor deve ciar outras situações de atividades com esse trabalho.

Interpretação do texto

A solidão do espantalho

Certa vez, passeando por um campo, um homem viu um espantalho e comentou: "Deves estar cansado de permanecer aí, neste campo solitário, sem nada para fazer". O espantalho respondeu: "O prazer de afastar o perigo é muito grande, e eu jamais me canso de fazer isso". O homem concordou: "Sim, eu ajo dessa maneira, com bons resultados".

E disse o espantalho: "Mas só vivem espantando coisas aqueles que estão cheios de palha por dentro".

O homem demorou anos para entender a resposta: quem tem carne e sangue em seu corpo precisa aceitar algumas coisas que não estava esperando. Mas quem não tem nada dentro de si vive afastando tudo o que se aproxima – e nem mesmo as bênçãos de Deus conseguem chegar perto dele (COELHO, 2004, p. 16).

Ler o texto com os alunos (terceira e quarta séries). Em seguida, discutir as relações humanas com eles, buscando observar o que entenderam do texto, que, segundo Paulo Coelho, é uma história tirada de um livro chinês sobre as mutações humanas.

Atividades plásticas: o espantalho

- Criar uma dobradura ou montar uma figura de recorte e colagem de um espantalho. Colar a figura ou dobradura confeccionada por ele e criar uma história inventada.
- Trabalhando a matemática, o aluno poderá traçar retângulos e círculos para confeccionar um espantalho articulado usando cartolina e barbante ou *bailarina* (material vendido em papelaria semelhante a tachinhas com pernas maleáveis) (fig. 13).

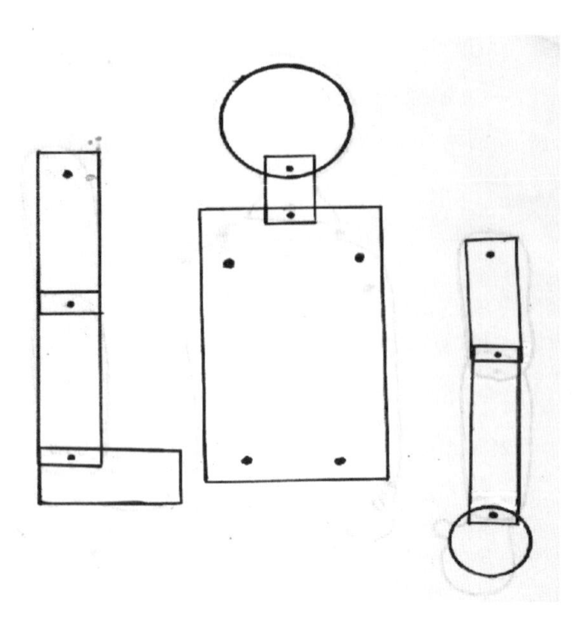

Figura 13 – Boneco articulado. A ornamentação (espantalho) dependerá da criatividade do aluno.

Sugestões: na primeira sugestão, referente à atividade acima, o professor poderá trabalhar as partes do corpo humano: cabeça, tronco e membros. Outra sugestão de atividade é montar, em grupo, um espantalho grande de jornal, amarrando-o com barbante ou outro material (fig. 14). Quando o espantalho estiver pronto, os alunos poderão criar em grupo uma forma para apresentá-lo: música, poesia, dramatização.

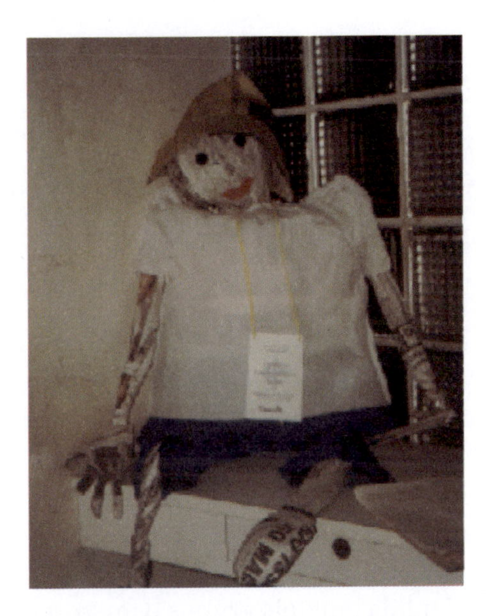

Figura 14 – Espantalho de jornal.

Atividades plásticas: aprendendo sobre cores

Cores primárias são as três cores que não podemos conseguir misturando outras cores: vermelho (magenta), azul e amarelo.

Cores secundárias são as cores que resultam da mistura das cores primárias:

azul + amarelo = verde

vermelho + amarelo = laranja

azul + vermelho = violeta

Portanto, verde, laranja e violeta são cores secundárias.

Cores quentes são as que transmitem sensação de calor, sol, fogo: tons avermelhados, amarelados, marrons.

Cores frias são as que apresentam sensações de chuva, frio, céu nublado: tons azulados, esverdeados e violetas.

Atividades plásticas

• A turma é dividida em dois grupos. Um grupo desenha um espantalho usando as cores primárias e o outro usa as cores secundárias, fazendo misturas de tinta guache. No final, os trabalhos são comparados e comentados.

• Outra atividade: dobrar uma folha ao meio (na horizontal). Com bastante cola colorida (usando as cores primárias), pintar um espantalho numa das metades. Depois, fechar a folha e abrir imediatamente. A figura será rebatida para a outra metade da folha. O trabalho apresentará dois espantalhos apresentando misturas de cores primárias com cores secundárias.

• Os alunos desenham uma paisagem que represente um dia chuvoso, usando cores frias, e um dia com bastante sol, usando cores quentes. Poderá ser numa folha grande dividida ao meio. No final, o professor levará os alunos a refletirem sobre essas cores e o que elas transmitem.

Brincando com o espantalho

Após a conversa sobre a natureza e os fenômenos meteorológicos, brincar de caça-palavras e procurar as palavras no retângulo.

Caça-palavras

1) Espantalho 2) Tempestade 3) Raio 4) Trovão 5) Chuva
6) Árvore 7) Relâmpago

E	T	U	E	Q	O	P	D	S	Z	M	B	D	Z
R	E	F	M	L	R	Q	V	A	S	D	G	H	L
M	S	T	E	M	P	E	S	T	A	D	E	J	R
A	P	L	R	A	I	O	B	N	R	T	Z	X	L
Q	A	F	E	J	F	H	S	C	V	N	O	P	D
X	N	O	L	F	C	B	V	L	O	Q	P	X	Z
Q	T	D	A	O	H	D	N	S	R	P	L	C	Q
E	A	G	M	R	U	G	J	A	E	N	M	P	B
R	L	T	P	E	V	H	M	O	C	X	Z	D	M
A	H	G	A	O	A	D	V	R	A	S	L	J	H
R	O	B	G	T	R	O	V	A	O	V	B	G	F
T	D	S	O	M	R	E	S	C	Q	M	P	Z	X

Figura 15 – Caça-palavras.

Criando no computador

Propor aos alunos que, utilizando as figuras geométricas do Paint, construam um espantalho e uma paisagem, podendo usar cores quentes ou frias, de acordo com a criatividade de cada um.

Criando com animais

- Iniciar a atividade apresentando uma gravura que contenha um ou vários animais.
- Incentivar o aluno a fazer uma leitura da imagem e observar as cores e as formas da obra, procurando identificar o que ela mostra e o que a imagem representa para cada um.
- A seguir, o professor poderá iniciar atividades relacionadas aos animais: domésticos e silvestres, aquáticos, terrestres ou que podem voar (nesse ponto, é bom fazer uma pesquisa sobre o assunto).
- Levar uma gravura que tenha um carneiro.

Sugestão: a partir da obra *Meninos com carneiro*, de Candido Portinari, fazer uma pesquisa sobre a lã e sobre o algodão. Questionando-os: "De onde vem o material da roupa que usamos?" A partir daí, pode-se incentivar os alunos a falarem sobre um animal de estimação.

Poesia

Por meio de uma poesia, sugerir atividades diversas.

Negrinha e Tupi

Era uma gata negrinha,
era um cãozinho tupi.
A gata limpa e pretinha
e o cão que era branco,
tinha a vida de um sagui.

Viviam na mesma casa,
dormiam na mesma cama,
brincavam juntos na grama,
desmentindo assim a fama,
das brigas de cão e gato.

Mas um dia, ai, triste dia.
Vou contar o que tudo vi.

Andavam pela cozinha
os cantos a farejar
e mais esperta a negrinha
uma pata de galinha
conseguiu encontrar.

Não encontrou a outra pata.
O tupi não foi feliz.
E daquela vez a gata
com o amigo foi ingrata
e compartilhar não quis.

E já não mais brincam na grama
não vivem na mesma casa
não dormem na mesma cama,
confirmando assim a fama,
das brigas de cão e gato (autor desconhecido).

• Os alunos comentarão essa poesia, dando a sua interpretação. Poderão criar outros personagens com outras cores e também um final diferente para a história.

• Criar uma história em quadrinhos: o professor poderá trabalhar noções de higiene: tomar banho e escovar os dentes todos os dias.

• Discutir outro assunto: a amizade. O cão e a gata eram realmente amigos?

• Ilustrar a poesia, ou a estrofe com o que mais lhes agradou. Sugestão: criar uma ilustração por meio de atividades de dobraduras, construindo animais.

• Dividir a turma em grupos e organizar um teatro de fantoches de vara, em que cada grupo apresentará uma dramatização com animais diferentes, isto é, um grupo apresentará animais domésticos, o outro grupo, animais silvestres, o outro, animais que vivem na água, e assim sucessivamente. É importante lembrar que todo o trabalho deve ser elaborado pelos alunos.

Origami *ou dobradura?*

Pequena informação sobre *origami*

Acredita-se que a arte de dobrar papel seja tão antiga quanto a origem do papel.

Orikami é uma arte milenar de origem japonesa, que significa dobrar (*ori*) papel (*kami*). Com o tempo, o k foi substituído pelo g. *Origami* é, pois, a arte de dobrar papel.

No Japão, há toda uma filosofia e tradição a respeito dessa arte. A borboleta, por exemplo, é empregada na decoração de cerimônias religiosas.

A arte de dobrar papel chegou ao Brasil trazida pelos colonizadores portugueses, e também durante o império, trazida pelos preceptores europeus que vinham orientar as famílias ricas que aqui residiam. Mais tarde, no Brasil, a palavra "*origami*" passou a ser substituída por "dobradura".

Trabalhar as dobraduras na educação tem vários objetivos:

1) Desenvolver a criatividade e a percepção para formas.

2) Levar o aluno a relacionar a aprendizagem das formas geométricas com a realidade de seu mundo físico.

3) Desenvolver no aluno o pensamento lógico e a reflexão, dando-lhe instrumentos para a solução de problemas por meio de uma atividade lúdica.

4) Desenvolver atividades interdisciplinares, uma vez que, por meio das dobraduras, várias atividades poderão ser criadas: colagens, pinturas, histórias, histórias em quadrinhos, dramatizações, ilustrações de músicas e poesias, entre outras.

Variações: na composição do *origami*, pode-se colar gravuras de revistas, animais construídos com sucata, animais feitos com jornal.

Construção de um barco de dobradura, ornamentado depois da colagem.

Pintura vazada

• Pintura vazada: colocar um pedaço de folha de acetato por cima da gravura. Com uma caneta hidrocor contornar os personagens; no caso, um menino no balanço e um carneiro. Recortar depois essas figuras com um estilete (o professor deverá fazer essa parte) ou uma tesoura de ponta fina. Com as figuras soltas e outras vazadas na folha, os alunos poderão criar vários trabalhos:

• Recortar as figuras (molde vazado). Colocar a figura solta sobre uma folha de papel liso e bater com a esponja em volta dela (fig. 16).

Figura 16 – Figuras vazadas (negativo). Pintura usando batedor ou esponja. *Meninos com carneiro*, de Portinari.

• Observando o fundo da obra *Meninos com carneiro*, criar um painel geométrico com as figuras: círculos, quadrados, retângulos (atividades matemáticas). A seguir, pesquisar em revistas, gravuras semelhantes à obra e fazer uma colagem sobre o painel geométrico, de acordo com a criatividade dos alunos.

• Continuando a observar o fundo da obra *Meninos com carneiro*, propor uma composição criada com mosaico.

- A seguir, o professor poderá trabalhar atividades de arte e matemática por meio do Tangram.

Tangram

O Tangram é um jogo chinês formado por um quadrado, dividido em sete peças, como mostra a figura 19.

- Construir com os alunos um jogo de Tangram. Depois de recortadas as peças, serão montados trabalhos criativos com elas. Se as peças não forem coladas no trabalho, eles poderão fazer um envelope (fig. 20) para guardá-las, a fim de serem utilizadas em novas atividades.

Sugestão: ao criar um envelope, o professor poderá propor uma atividade direcionada para a escrita de cartas e envio pelos Correios. Os alunos vão aprender a subscritar o envelope: para onde vai a correspondência; quem é o remetente; o que é CEP (poderão pesquisar). A partir daí, eles poderão vivenciar essa experiência, escrevendo cartas para parentes e amigos e as enviando pelos Correios.

Tangram, uma pequena lenda

Um imperador chinês chamou um de seus melhores artistas e ordenou que retratasse as coisas mais belas que encontrasse, levando apenas uma prancha quadrada. Lá foi o artista. No caminho, ao atravessar um riacho, ele caiu e quebrou a prancha em sete pedaços. Após várias tentativas de unir as peças, conseguiu uma figura diferente. Voltou ao palácio para mostrar aquela maravilha ao imperador, que ficou muito satisfeito com a possibilidade de retratar todas as coisas usando apenas aquelas sete peças (GÊNOVA, 2000).

Tangram – Envelope

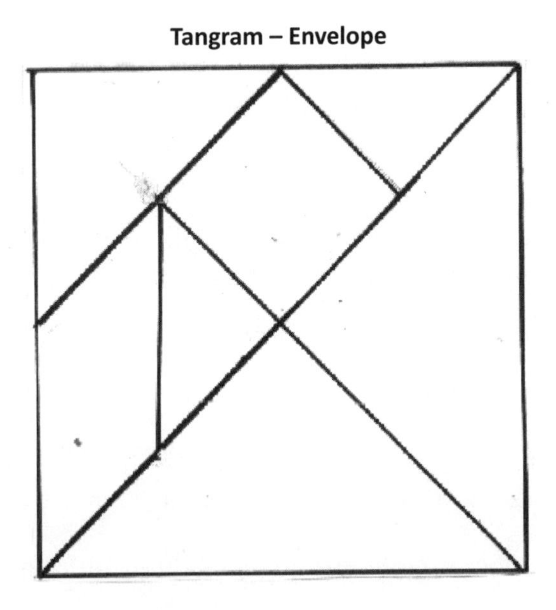

Figura 19 – Peças do Tangram.

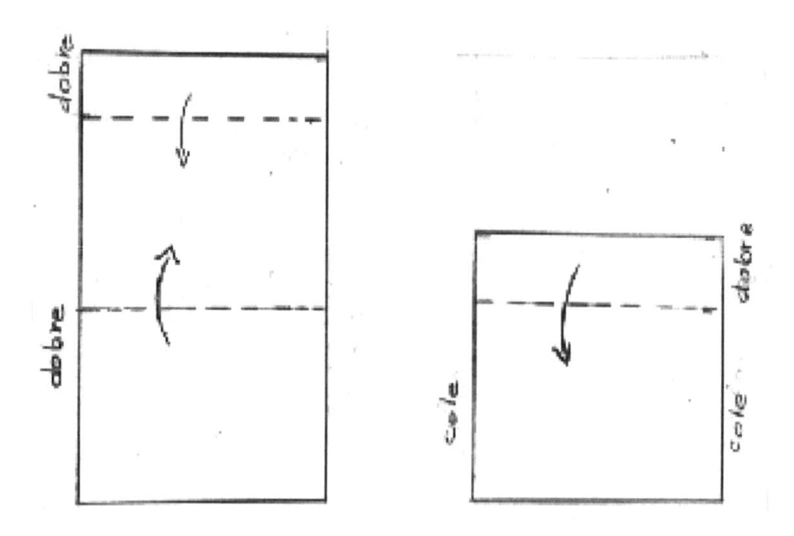

Figura 20 – Cortar um retângulo, dobrar e colar como mostra a figura.

• Organizar brincadeiras com as crianças: bandeirinha, jogo de bola, pique estátua, roda, coelho na toca, passar anel, pular corda, jogo de bolinhas de gude, empinar pipa, jogo das cinco marias (pedrinhas), entre outras.

• Aproveitando as figuras geométricas da obra, construir brinquedos: cata-vento (fig. 20) e pipa (fig. 21). Os papéis utilizados serão coloridos ou pintados pelos próprios alunos, que poderão também organizar uma exposição de pipas.

• Quebra-cabeça: criar um quebra-cabeça utilizando caixas de pasta de dentes (quatro caixas), ou caixas de remédios.

Modo de fazer: utilizar quatro imagens diferentes uma da outra. Cortar as imagens em tiras, do tamanho das caixas de pasta de dentes. Colar essas tiras nas caixas formando quatro quebra-cabeças. Atividade recomendada para crianças da educação infantil (fig. 22).

Cata-vento

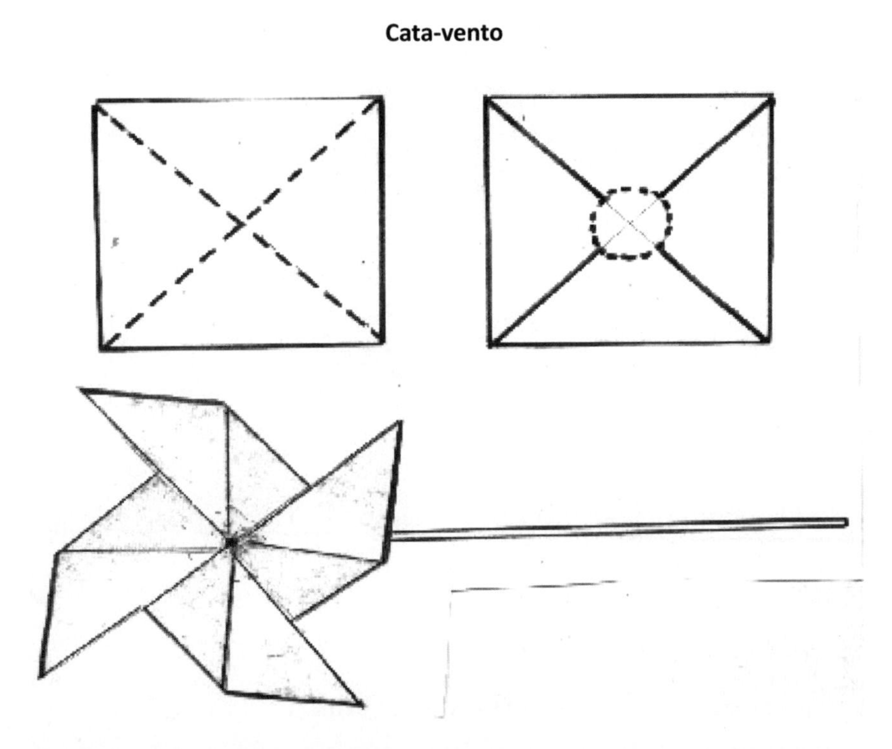

Figura 20 – Cortar um quadrado. Dobrar em diagonal. Cortar até a rodinha do centro. Dobrar e colar. Pregar um alfinete no centro, prendendo a um canudo de refresco.

Pipa

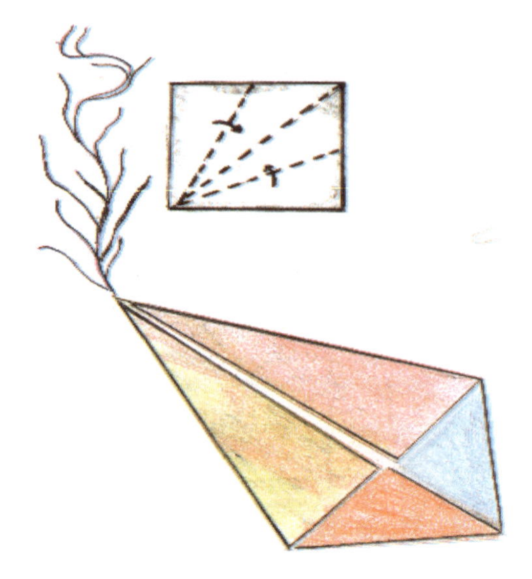

Figura 21 – Cortar um quadrado. Dobrar em diagonal. Dobrar como mostra a figura. Montar a pipa, construindo a rabiola.

• Elaborar um jogo de cruzadinhas, onde o aluno poderá conhecer os animais.

Completar a cruzadinha

1) Animal mamífero e doméstico

2) Ave que gosta de nadar

3) Roedor

4) Animal selvagem

5) Réptil que se arrasta e vive no mato

6) A lã é tirada desse animal

7) A vaca é a fêmea desse animal

8) Ave silvestre muito colorida

9) Animal muito grande que vive na selva

10) Vive cavando buraco

Caça-palavras

Alguns animais vivem na água e na terra; outros, só vivem na água. Procure esses animais no caça-palavras.

1) pato
2) tubarão
3) baleia
4) marreco
5) peixe
6) golfinho
7) ganso
8) rã
9) jacaré
10) tartaruga

P	V	G	M	P	R	T	P	A	T	O	C	N	L
R	F	T	G	I	J	A	C	A	R	E	Z	A	Q
T	U	B	A	R	A	O	G	D	S	X	C	B	P
M	D	F	U	B	I	B	A	L	E	I	A	T	U
T	A	R	T	A	R	U	G	A	M	F	V	C	S
E	F	M	A	R	R	E	C	O	M	P	L	Ç	N
B	P	E	I	X	E	V	C	R	Ã	Q	T	U	O
D	R	V	U	N	O	I	P	M	T	R	E	D	S
R	E	G	O	L	F	I	N	H	O	D	F	G	X
S	C	F	H	L	O	Ç	G	A	N	S	O	T	I

Cruzadinha

Existem animais que só vivem na terra. Citamos alguns: onça, gato, lobo, leão, cachorro, cavalo, cabra, rato, tatu, lhama, bode, ovelha. Encontre-os na cruzadinha.

	O			G			L		B	
C		C			R					
					T					
					O					
L		A								

Caça ao tesouro

Jogue o dado e leia as instruções para cada número.

A rã é um anfíbio que emite voz. Ela possui uma bolsa na garganta que se enche de ar. Uma rã pode ser ouvida a uma grande distância.	As pernas dianteiras da girafa são mais fortes do que as traseiras. Isso ajuda a manter seu equilíbrio, uma vez que seu pescoço é muito grande.	Os morcegos conseguem ficar imóveis por semanas, como se estivessem mortos. Os animais que hibernam têm temperatura do corpo baixa e o coração bate mais lentamente.	A coruja é um pássaro de olhos grandes e pode pegar um rato na escuridão usando somente o sentido da audição.	Aves de rapina são aves que matam e comem outros animais. São: águias, abutres, falcões, condores, gaviões, corujas, e os urubus.	A tartaruga marítima é um réptil que põe seus ovos na areia. Ela se reproduz com rapidez, uma vez que seus ovos são comidos por outros predadores.
1 Avance 3 casas	2 Avance 5 casas	3 Volte 3 casas	4 Avance 2 casas	5 Avance 4 casas	6 Fique parado uma jogada
		SAÍDA	CHEGADA		

Construção do dado

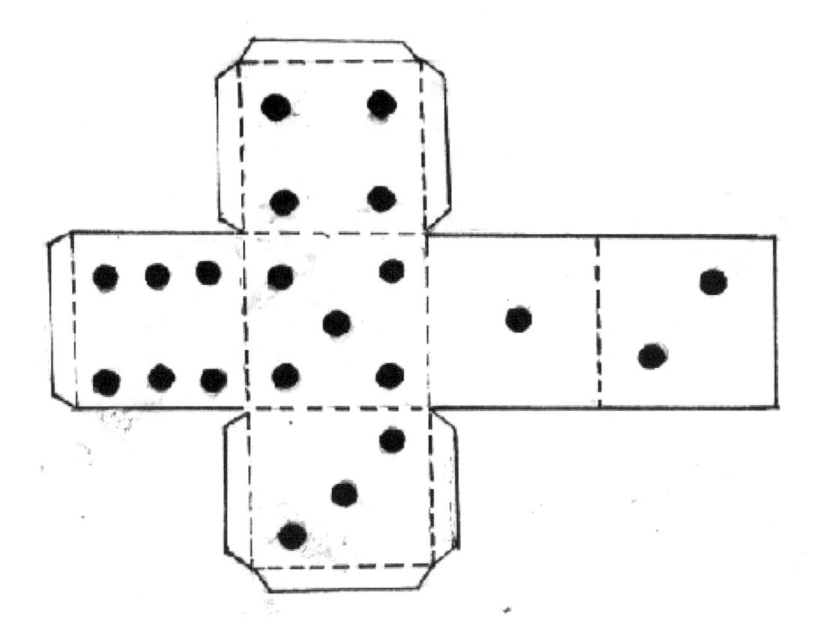

Construindo com figuras geométricas

- Criar no Paint uma composição geométrica.
- Criar uma composição geométrica utilizando figuras do arquivo.
- Por meio de figuras geométricas, estabelecer relações entre formas e cores, construindo elementos figurativos: casa, boneco, barco, entre outros (fig. 22).
- Construir no computador um jogo de dominó com triângulos de cores diferentes. O aluno poderá identificar e comparar as quantidades, além de desenvolver a percepção para cores e formas, e a noção de espaço.

Figura 22 – Construção usando figuras geométricas.

Os palhaços e o circo

Releitura da obra de Portinari, *Palhacinhos na gangorra*, por uma criança de seis anos.

• Iniciar as atividades conversando sobre o circo e os palhaços. Perguntar quem já foi ao circo e de que gostaram mais.

Sucata

A reciclagem de materiais é uma necessidade para a solução de resíduos sólidos. Criar atividades com sucata, como garrafas, latas, pratos de papelão, tubos de papel, entre outros.

• Propor a confecção de máscaras de palhaços. Cada aluno criará a sua máscara, que poderá ser feita de saco de papel, prato de papelão, cartolina ou outro material. Depois, em grupos, eles devem organizar uma apresentação de suas máscaras.

• Com os alunos maiores poderá ser feita uma atividade de reciclagem de papel.

Vamos reciclar papel?

Material: pedaços de papel; peneira plana; água, liquidificador, jornal.

Modo de fazer: Coloque o papel em pedaços em um balde com água durante uma noite. Após o papel ficar de molho, coloque-o no liquidificador (pequena quantidade) e triture bem. Jogue a polpa de papel triturado na peneira plana, deixando escorrer. Abra uma folha de jornal e vire a peneira em uma das partes. A seguir, esprema bem a tela com as mãos. Retire a peneira e coloque o papel para secar sobre uma folha de jornal.

Se desejar, pode colocar outra folha de jornal sobre o papel e secar com o ferro de passar roupa. Quando estiver seco, o papel reciclado poderá ser usado para fazer: porta-retrato, livros, cadernos, cartões e artesanato em geral.

Sugestões: apresentar uma dramatização que pode ser um desfile de palhaços, um número circense, um jogral ou uma música. Cabe ao professor somente sugerir e orientar o trabalho. A criação da apresentação será responsabilidade do grupo de crianças.

Outras atividades

- Após a conversa sobre o circo, dividir a turma em grupos, onde cada grupo vai organizar e apresentar um número circense.
- Confeccionar fantoches de vara com cara de palhaço, criar uma história e apresentá-la.
- Criar um personagem de dobradura (fig. 23 e 24). Ornamentar o personagem de palhaço. A seguir, criar uma história em quadrinhos, que deverá ser apresentada para a turma.

• Fazer um palhaço de sucata. Poderá ser feito de caixa de ovos, como mostra a figura 25.

• Confeccionar palhaços de jornal, amarrados com barbante ou de sucata (caixas, tubos, garrafas e outros).

• A turma, no final, poderá, com esses personagens, criar um grande mural.

• Poderá, também, fazer uma releitura da obra de Portinari *Palhacinhos na gangorra,* numa cartolina, substituindo os palhaços do quadro pelos palhaços feitos pelos alunos, em dobradura, jornal, ou sucata. As crianças desenharão somente o fundo e a gangorra. A colagem será livre.

• Esse mesmo trabalho poderá ter variações: colar gravuras de revistas, recortar silhuetas em tecidos, silhuetas em papel e outras ideias que professores e alunos poderão criar. No final, fazer uma exposição dos trabalhos.

Construção do palhaço de dobradura

Figura 23 – Confecção do palhaço de dobradura: 1) dobrar em diagonal; 2) dobrar como na figura; 3) dobrar e cortar; 4) agora é só ornamentar.

Palhaço de sucata

Figura 24 – Palhaço de dobradura.

Figura 25 – Palhaço de caixa de ovos.

• Construir, em papel colorido, vários círculos do mesmo tamanho. O professor deverá observar se o aluno já pode usar um compasso. Caso ele ainda não tenha idade para isso, poderá circular moedas. Cortar, depois, todos os círculos. Montar, a seguir, um palhacinho com os círculos, colando-os no papel. O chapéu do palhaço poderá ser feito com um triângulo (fig. 26).

• Outras atividades poderão ser criadas com os círculos coloridos.

Figura 26 – Palhaço construído com figuras geométricas.

• Levar os alunos a observar as figuras geométricas que foram usadas para a construção do palhaço. Depois poderão construir figuras geométricas de vários tamanhos e cores. No final, montarão uma composição geométrica com todas essas figuras.

• Construir um círculo grande no papel e depois dividi-lo em várias partes. Pintar utilizando cores primárias e secundárias.

• Quadricular um papel ou utilizar um papel já quadriculado. Criar utilizando os quadrinhos (fig. 27).

• Por meio dessas atividades o professor transmitirá noções de geometria, ao mesmo tempo em que desenvolve a criatividade, a coordenação motora, a noção de espaço, cores, formas.

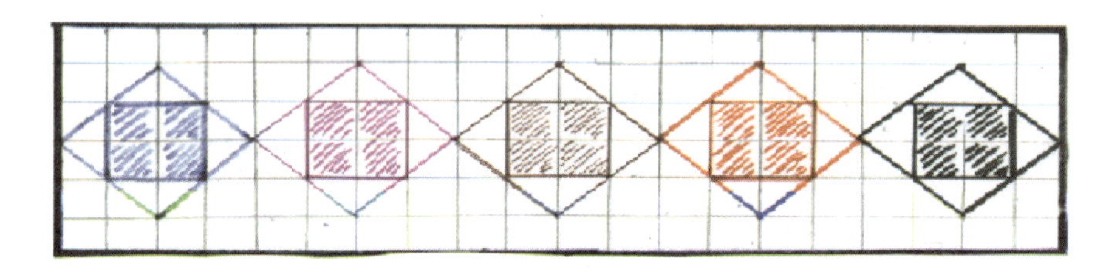

Figura 27 – Desenho em papel quadriculado.

Pontos

Trabalhando pontos: utilizando caneta hidrocor, criar uma composição somente com pontos.

Ponto: é o menor sinal gráfico visível (ponto geométrico). Com um conjunto de pontos, podemos obter imagens visuais. O ponto gráfico poderá ter outras formas e tamanhos diferentes.

Sugestão: ao trabalhar uma composição utilizando somente pontos, o professor poderá levar o aluno a conhecer e até pesquisar sobre o movimento conhecido como *pontilhismo.*

Pontilhismo

Em 1886, durante uma exposição impressionista, surgiram dois pintores que dariam uma nova tendência ao movimento. Georges Seurat (1859-1891) e Paul Signac (1863-1935) aprofundaram as pesquisas que os impressionistas realizaram quanto à percepção óptica. Os artistas reduziram as pinceladas a um sistema de pontos uniformes que, no conjunto, completam uma cena.

As figuras são representadas por minúsculos pontos, levando o observador a percebê-las como uma cena completa. Essa técnica foi chamada de pontilhismo e divisionismo.

Uma curiosidade: ao colocarmos pontos amarelos junto aos azuis, temos a impressão de que existe a cor verde. São fenômenos ópticos.

Linhas

A linha é o rastro deixado pelo ponto ao se deslocar no espaço.

Criar desenhos a partir dessas linhas: (1) linha vertical; (2) linha horizontal; (3) linha inclinada; (4) linha curva; (5) linha ondulada; (6) linha quebrada; (7) espiral (fig. 28).

O professor poderá traçar a linha no quadro de giz. Os alunos, no papel, continuarão a atividade.

Figura 28 – Com as linhas acima, criar composições artísticas.

Trabalhando linhas: observar a obra de Portinari *Palhacinhos na gangorra*. Escolher um personagem ou elemento da obra e desenhá-lo no meio de uma folha de papel. A seguir, contornar esse desenho até o final do papel. Observar o trabalho final: Que tipo de linha foi utilizado nesse trabalho? Sinuosa? Reta? (fig. 29).

Figura 29 – Composição usando linhas onduladas.

Vamos agora criar um desenho usando somente linhas retas? Observe o desenho: Quantos polígonos aparecem nesse desenho? Quantos quadrados? Quantos triângulos? Quantos retângulos? (fig. 30).

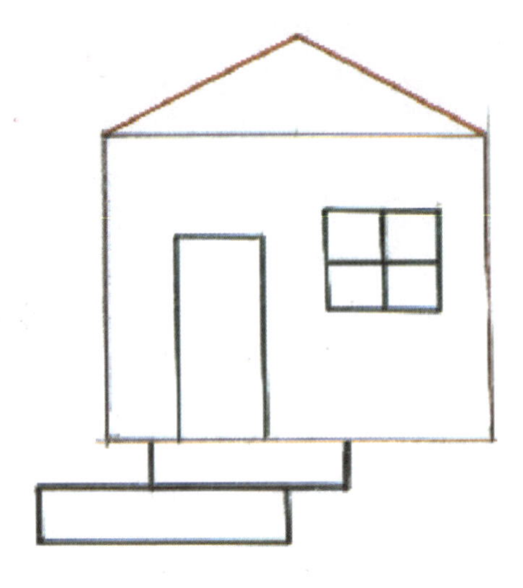

Figura 30 – Observação das figuras geométricas.

O professor poderá inserir outros artistas e movimentos nas atividades, como o pintor Pablo Picasso e o movimento do Cubismo. Cubismo é a arte onde os elementos tomam formas de poliedros. Os alunos poderão fazer desenhos livres e depois as figuras serão geometrizadas. No final, montarão uma composição.

O artista Alfredo Volpi era especialista em criar composições usando bandeirinhas. Os alunos poderão confeccionar bandeirinhas e pintá-las, criativamente, ou montar uma composição.

Releitura da obra de Volpi. Desenho de uma criança de cinco anos.

A obra *O circo*, da artista Djanira da Motta e Silva (1914-1979), poderá ser trabalhada de acordo com atividades já exemplificadas. O professor poderá também fazer uma transparência dessa obra, apresentá-la aos alunos, pedir que a observem, que façam uma leitura e, a seguir, que desenhem elementos encontrados na obra, agrupando-os em conjuntos: de pessoas em pé, sentadas, conjuntos de objetos, de animais, entre outros, trabalhando, dessa forma, arte e matemática.

- Brinquedos como pipa e cata-vento também poderão ser construídos nessa atividade.

- Artistas como Picasso, Volpi e Djanira serão apresentados aos alunos. Pesquisas sobre esses artistas e suas obras poderão compor um mural. Pode-se considerar a criação de várias atividades, como pintura, colagem, modelagem.

Jogo de acertar o alvo

- Pintar um rosto de palhaço bem grande numa folha de cartolina ou papelão. Cortar a boca do palhaço, que deverá ser bem grande. A seguir, fazer uma bola de jornal amassado e amarrá-la com barbante (poderá ser uma bola de tecido amarrado ou uma bola de plástico). O palhaço deverá ser colocado num lugar próprio, de maneira que os alunos possam jogar a bola e acertar na sua boca (alvo).

- Jogo de boliche: ornamentar garrafas plásticas de vários tamanhos com o tema de palhaços. Fazer uma bola de jornal amarrada com barbante. Está pronto o jogo de boliche.

Sugestão: com os mesmos bonecos (palhaços) e uma argola, o jogo de boliche poderá ser transformado num jogo de argola. Brinque à vontade!

Atividades no computador

Por meio de figuras geométricas, criar formas figurativas.

1) Os alunos vão colocar na tela do computador, um quadrado, um círculo, um triângulo e um retângulo. A seguir, o professor irá propor a pintura das figuras, pensando na cor do céu, na cor do sol e do nosso coração, levando-os à observação de que essas são as cores primárias. Deverão criar, depois, um desenho figurativo no computador (fig. 31).

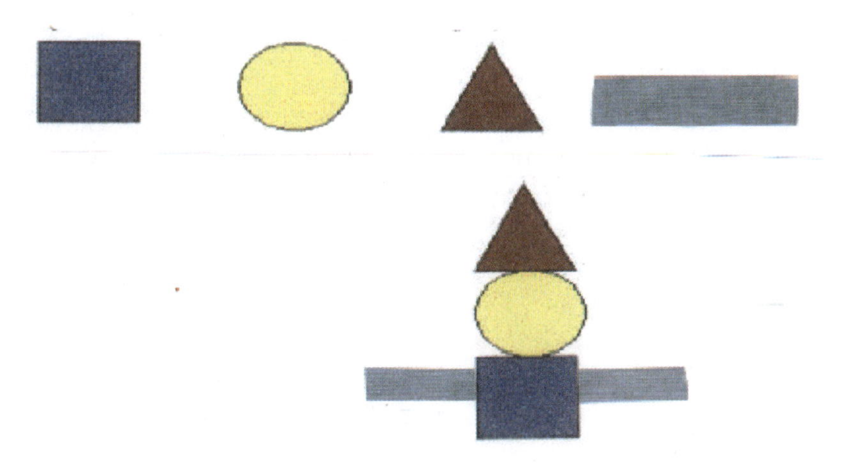

Figura 31 – Criação com figuras geométricas no computador.

2) Propor a criação de um desenho figurativo para cada uma das formas geométricas trabalhadas na atividade anterior. A seguir, organizar um quadro com esses desenhos (fig. 32).

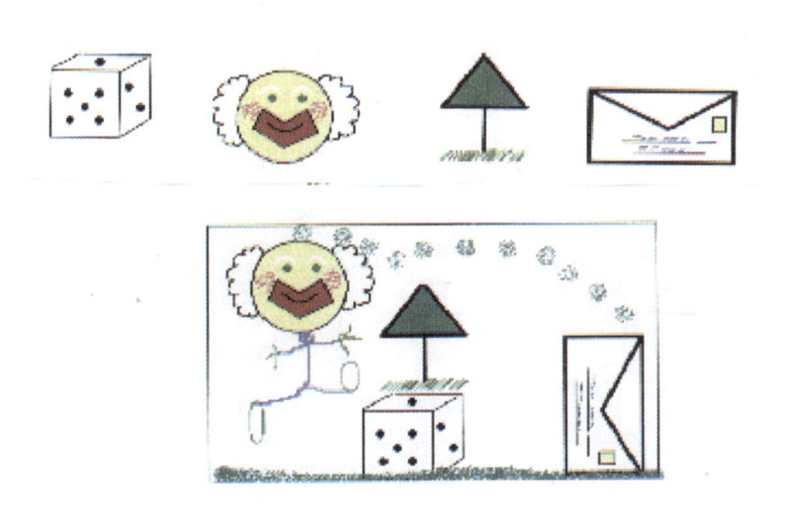

Figura 32 – Decoração de figuras geométricas no computador.

Noções de simetria e assimetria

- Utilizando figuras geométricas (do computador), criar composições simétricas e assimétricas.
- Incentive os alunos a criarem no computador atividades artísticas envolvendo formas geométricas.

Parte 2
Trabalhando com projetos

1

O que é um projeto pedagógico?

A palavra *projeto* designa igualmente tanto o que é proposto para ser realizado quanto o que será feito para atingi-lo. Os projetos na escola podem firmar-se como propostas interdisciplinares que resultam em boas transformações na dinâmica escolar. Os projetos são oportunidades excepcionais para as escolas porque possibilitam uma abordagem diferente na aprendizagem, e a contribuição da arte pode ser muito valiosa. Bem-orientados, os projetos motivam os alunos e professores a enriquecerem seus conhecimentos, rompendo os limites do ensino tradicional e propõem o contato com o mundo fora da sala de aula, na busca de problemas verdadeiros.

Os projetos didáticos são de grande relevância, porque, além de tratar os conteúdos programados, eles contextualizam essas aprendizagens na busca de um produto final, e o aluno pode buscar informações por conta própria. Entrevistas, pesquisas, gráficos, tabelas, podem ser registros de suas observações.

Diante disso, o projeto deve partir de questões reais e concretas, contextualizadas, que sejam do interesse do aluno. Compreender a situação-problema é o seu objetivo principal. Todas as ações deverão ser discutidas e planejadas entre o professor e os alunos. Todos devem ter tarefas e responsabilidades, devem saber o que fazer, como fazer, e também devem ser estimulados a se ajudarem mutuamente.

Tudo isso vai servir para o aluno aprender a conviver, se posicionar, buscar, selecionar informações, e registrar tudo. Assim, alunos que participam de projetos aprendem a pesquisar, analisar dados, participar de atividades de grupo e tomar decisões.

O fundamental de um projeto é que os alunos tenham a oportunidade de imaginar uma ação, de traçar uma estratégia para torná-la real em um tempo predeterminado, de realizar esse plano, de controlar o processo, de responder aos acontecimentos imprevistos e de chegar ao resultado esperado.

Nesse sentido, os conteúdos devem estar muito bem definidos, uma vez que os alunos precisam de uma diversidade de situações de aprendizagem sobre um determinado assunto para aprender. Também os objetivos devem ser sempre avaliados, de modo a corrigir erros de processo ou de planejamento.

O professor poderá escolher o tema, mas os alunos devem estar interessados em desenvolvê-lo, uma vez que, quando o professor decide tudo, não há projeto didático.

Quanto ao planejamento, deve ser bem discutido e negociado. O professor precisa ter clareza das competências que os alunos deverão desenvolver e os conhecimentos necessários que eles precisam adquirir. Assim, cabe a ele criar condições para que o projeto se desenvolva.

É de competência do professor ter um planejamento pedagógico, isto é: fazer escolhas sobre o que será ensinado, como se dará esse processo e como será a avaliação.

No trabalho com projetos didáticos, o ponto de partida é uma proposta. Em vez de respostas, perguntas. O projeto deve ter um produto final, ultrapassando o espaço da sala de aula. É um trabalho de busca e conquista, encerrando o formato tradicional de aprendizagem de transmissão de conhecimento (RCNEI, 1998, p. 57, apud MEYER, 2003, p. 98).

Para Adriana Gandin (2001, apud MEYER, 2004, p. 98-99), um projeto deve seguir várias etapas:

1) Incentivo por meio de sensibilização: conversas em sala de aula, leituras, visitas, filmes, dúvidas sobre um assunto ou outro que venha a surgir.

2) Consideração do que os alunos já sabem em vista da socialização dos conhecimentos prévios: "O que já sabemos?"

3) Formulação do objetivo do projeto: "O que queremos saber? Para quê?"

4) Elaboração do plano cooperativo: "O que iremos fazer?"

5) Desenvolvimento: planejamento das ações.

6) Culminância: apresentação do projeto e conclusões.

7) Avaliação da trajetória do projeto, dificuldades e contribuições.

O tempo de um projeto vai depender do que se quer ensinar. Pode durar um mês, um bimestre ou o ano todo. No entanto, o tempo ideal é que dure entre trinta e sessenta dias. Que seja curto, com princípio, meio e fim, para que não se tenha o sentimento de que ele acabou mal ou que não obteve êxito.

É certo que os projetos são mais eficientes quando a escola dispõe de um professor para cada disciplina: Arte, História, Geografia, Ciências, Matemática. Caso isso não aconteça, cabe ao docente responsável trabalhar o que considerar mais importante no momento, e fazer escolhas adequadas sobre o que o aluno necessita aprender.

Um projeto deve ter um produto final, isto é: um vídeo, uma exposição de artes, um sarau de poesias, uma exposição dos trabalhos por meio de *slides* de PowerPoint, entre outros.

A avaliação deve ser feita durante todo o processo. Importante: um projeto não pode ser comparado a um simples planejamento de atividades, mas precisa ser continuamente avaliado e replanejado, tendo sempre em vista os pontos centrais que o fizeram nascer. Com relação às aprendizagens individuais, podem ser elaborados procedimentos para que cada aluno perceba e acompanhe a própria evolução.

A documentação também é parte importante do projeto, uma vez que fornece aos professores as informações sobre a aprendizagem dos alunos e oferece dados para a tomada de decisões. Todas as fases do projeto deverão ser registradas: textos, trabalhos artísticos produzidos pelos alunos, fotos e vídeos.

Assim, nesse contexto, os projetos devem ser articulados. Pesquisa, criatividade, companheirismo, soluções e aportes tecnológicos, compromissos políticos e prazerosos podem ser construídos. Ser inovador e criativo é saber e conseguir romper com o óbvio.

2

Desenvolvendo projetos

Os projetos aqui apresentados são sugestões para todas as séries do Ensino Fundamental que poderão sofrer mudanças e adaptações na medida em que for conveniente. Também são de curta duração e direcionados para a Arte, cabendo ao professor usar o que for necessário para suas aulas e para cada série.

Objetivos

- Estimular os alunos ao pensamento divergente por meio do apoio às investigações que fazem de um assunto de seu interesse.
- Vivenciar experiências e situações novas, desconhecidas e únicas em atividades interdisciplinares.
- Adquirir informações, hábitos e atitudes que possam gerar uma aprendizagem consciente e motivadora.

- Aumentar as oportunidades para o trabalho colaborativo e para a resolução de problemas.
- Desenvolver os aspectos cognitivos, sociais e emocionais.
- Propiciar a socialização por meio de atividades em grupo.
- Romper com a rotina e despertar o interesse dos alunos.
- Compreender o estudo da cultura e da arte por meio de atividades criativas com intuito de aprendizagem.
- Realizar uma avaliação contínua.

Projeto 1: Saúde e alimentação

Título: Para viver bem.

Séries: da primeira à quarta.

Tempo de duração: decisão do professor.

Desenho no computador de uma criança da terceira série. Releitura da obra de Pablo Picasso *Compoteira e frutas* (1919).

Desenho de uma criança de seis anos.

Objetivo geral: Valorizar, discernir e participar de decisões relativas à saúde individual e coletiva, motivando a formação do aluno para o exercício da cidadania, para a compreensão da saúde como direito e responsabilidade de todos.

Em Arte

Objetivos

- Aproximar o aluno da arte por meio de atividades interdisciplinares.
- Mostrar que na obra de arte há construção e associação do que o artista pretende transmitir.

• Criar atividades artísticas relacionando-as com a vivência dos alunos.

Atividades

• Ao observar uma obra de arte, desenhar e pintar uma composição geométrica, substituindo os elementos da obra por figuras geométricas.

• Composição em grupo: cada aluno desenha a fruta de que mais gosta, recorta o desenho e faz uma colagem. A colagem vai formar uma composição de uma natureza morta com as frutas pintadas por todos os alunos.

• Em grupo, os alunos recortam gravuras de alimentos de alguma revista. A seguir, colam essas gravuras numa folha de cartolina, criando uma composição. Depois, recortam como um quebra-cabeça. É só brincar.

• Construir frutas e legumes em argila. Depois de seco, o trabalho é pintado com tinta guache e poderá ser passada uma camada de verniz. Cada aluno monta a sua escultura com frutas, na qual poderão ser anexados outros elementos.

• O professor poderá contar a história do artista Giuseppe Arcimboldo, que viveu no século XV, e construiu sua obra usando frutas, legumes, flores e animais mortos para formar rostos. Para facilitar a compreensão de seu trabalho, pode-se apresentar uma gravura desse artista aos alunos.

- Usando massa de modelar, o aluno pode criar uma obra semelhante à obra de Arcimboldo.

- Pintura a dedo: passar massa de pintura a dedo numa mesa de fórmica. Desenhar com os dedos. Quando terminar o desenho, prensar uma folha de papel sobre o trabalho. A pintura será carimbada na folha de papel. A seguir, limpar a mesa.

- Criação de um teatro de bonecos confeccionados com legumes e frutas como jiló, chuchu, batata e maçã, em que palitos formam braços e pernas. A história é criada pelos alunos.

- Criação de uma dramatização em que os alunos representam: folhas, frutos, flores raiz, caule de uma planta. O aluno vai desenhar e colorir a "roupa" do seu personagem, e os grupos inventam uma história.

- Pintura em relevo: colorir uma folha de papel ou cartolina com tinta guache. Deixar secar. Os alunos caminham pelo pátio ou jardim da escola colhendo material da natureza: folhas, flores, gravetos, raízes. A seguir, voltam para a sala e fazem uma colagem no papel pintado.

Para desenvolver a percepção dos alunos menores, organize brincadeiras em que eles tenham que descobrir diferentes cheiros, paladares, percepção tátil e visual. Isso poderá ser trabalhado por meio de uma gincana (adivinhação):

- Adivinhar diferentes cheiros: frutas, verduras, legumes, flores.
- Provar diferentes alimentos sem enxergar o que estão comendo.
- Passar a mão sobre vários alimentos, também sem enxergar: sal, açúcar, farinha, frutas, verduras, cereais.
- Ouvir com atenção os sons da natureza e os da cidade. Distinguir e comparar.
- Observar com atenção a obra e tentar descobrir diferentes formas desenhadas.

Culminância

Os alunos poderão apresentar a dramatização e organizar uma exposição de todos os trabalhos.

Em Português

Objetivos

- Construir textos coletivos sobre o assunto.
- Incorporar a escrita a atividades artísticas.
- Desenvolver o vocabulário dos alunos.

Atividades

- Construir um texto no quadro de giz. O professor cria um título para começar. Sugestão: "Todas as pessoas comem legumes e frutas? Por quê? Para quê?"
- Discutir a situação dos mais desfavorecidos socialmente. Organizar uma campanha de doação de alimentos, em que os alunos colaborem trazendo algum alimento para ser distribuído.
- Criar uma dramatização: "um dia na feira livre".
- Em grupo, criar uma história sobre os vegetais.
- Criar uma história em quadrinhos sobre um personagem que gosta muito de comer.
- Organizar um livro de receitas com sugestões de familiares e amigos. A atividade poderá ser individual ou em grupo.
- Criar um glossário de arte, no qual o aluno possa registrar novas palavras.

Culminância

Apresentar a dramatização e um painel com as histórias.

Em Ciências

Objetivos

- Estimular o consumo de frutas, legumes e verduras.
- Incentivar o estudo e a pesquisa sobre os vegetais.

Atividades

- O professor deve iniciar o assunto falando sobre o valor da boa alimentação, ao observar a obra do pintor. Perguntar aos alunos quais as frutas que eles mais gostam.

- Pedir uma pesquisa sobre as vitaminas das frutas que estão no quadro: banana, mamão, melancia, caju. Os familiares poderão ser consultados.

- Caso seja possível, construir uma horta na escola. Se não tiver espaço, plantar sementes em uma garrafa Pet cortada. Passar fita crepe ou colar papel na parte cortada da garrafa para evitar acidentes.

- Estudar o processo de germinação.

- Incentivar uma pesquisa sobre o leite e seus derivados.

- Estudar as partes que compõem os vegetais: raiz, caule, folha, flor e fruto.

- Pesquisar sobre por que a planta precisa de água.

- Descobrir a importância da água para a nossa vida.

Culminância

Criar um painel sobre todo o andamento do trabalho.

Em Matemática

Objetivos

- Fazer uso de uma receita de bolo para determinar as medidas certas.
- Aplicar as formas geométricas a um trabalho artístico.
- Aplicar conceitos matemáticos a um contexto significativo.

Atividades

- Montar uma feira livre, em que alguns alunos são feirantes e outros compradores. Os alunos poderão vender ou trocar as frutas e legumes criados com massa de modelagem na aula de arte. Poderão, também, criar dinheiro de papel.
- Os alunos recortam de uma revista todo tipo de alimento que encontrarem. Depois separam em conjuntos: conjunto das verduras, frutas, legumes, carnes e outros.
- Na culminância, cada aluno pode levar uma ou duas frutas para ser preparada uma salada de frutas. Na hora de fazer a salada, os alunos contam as frutas e as separam por grupos.
- Também para a culminância, o professor ou os alunos poderão fazer um bolo, que será cortado em partes (metade, um quarto, em várias fatias). As fatias do bolo serão cortadas de acordo com o número de alunos.

Sugestão: se a escola tiver um forno, o professor poderá fazer o bolo com os alunos. Isso fará com que eles tenham noção de medida.

Projeto 2: Meio ambiente

Título: Cuidando do meio ambiente.

Séries: da primeira à quarta.

Tempo: decisão do professor.

Disciplinas envolvidas: Arte, Português, Ciências, História, Geografia, Matemática.

Nota: este projeto trata de um tema muito amplo. O professor poderá adaptá-lo de acordo com as necessidades de cada série e usar o que considerar adequado a cada uma.

Meio ambiente – Desenho de uma criança de sete anos.

Objetivo geral: conscientizar atitudes de respeito ao meio ambiente por meio de atividades que levem o aluno a ser responsável por sua preservação.

Em Arte

Objetivos

- Vivenciar experiências que despertem a sensibilidade e a descoberta de valores estéticos no processo de aprendizagem.
- Estimular o interesse do aluno pela arte, por meio de atividades com pintura, colagem, modelagem, reciclagem de materiais.
- Despertar o sentimento de preservação da natureza ao elaborar trabalhos artísticos, como a reciclagem de materiais.
- Conhecer movimentos artísticos por meio da capacidade de criação, pelo conhecimento de formas, linhas, cores, texturas.
- Apresentar uma gravura referente a uma paisagem de uma floresta.
- Leitura da imagem para que o aluno reconheça os impactos causados pelo homem sobre a natureza. Essa leitura poderá ser feita após os alunos assistirem a um vídeo sobre o assunto.
- O professor deverá encaminhar uma leitura de uma imagem e fazer perguntas:
- O que estamos vendo nessa obra?

• Você já viu uma floresta? Como era essa floresta?

• Discutir com os alunos a questão das queimadas e o prejuízo que isso causa aos homens.

Cuidando das plantações – Desenho feito por uma criança de seis anos.

Atividades

• Levar os alunos a um passeio ao ar-livre e sugerir uma pintura-livre sobre a natureza intitulada "Pintando a natureza". A pintura poderá ser em aquarela, que é uma pintura com tinta e água. Pode-se também usar tinta guache com água para a pintura do quadro.

• Misturar cores para dar tons e matizes em pinturas sobre a natureza.

- Representar os tons e matizes: do fogo, do mar, do céu, da floresta, da terra.

- Observar as semelhanças e diferenças das cores da natureza e as obras dos artistas.

- Criar uma composição usando papel celofane com superposição de formas. Superpondo as três cores primárias, teremos as cores secundárias.

- Se a escola possuir computadores, os alunos poderão criar uma obra de arte observando as semelhanças e as diferenças da gravura apresentada pelo professor.

- Usar o texto criado na aula de Português e organizar um teatro. Os alunos são os personagens e confeccionam as vestimentas e máscaras.

- Usar massa de modelar para reproduzir plantas e plantações a partir da leitura da lenda do Rio Amazonas.

- Organizar passeios a praças e jardins do bairro, visitas a museus, sítios, hortas, praias, cachoeiras, entre outras atividades.

- Criar colagens usando materiais recolhidos da natureza (materiais secos, recolhidos no chão), como folhas, raízes, flores e areia.

- Reciclar materiais por meio da construção de brinquedos e trabalhos artísticos com sucata.

- Reciclar papel para uso da escrita ou para ornamentação.

- Elaborar trabalhos artísticos com jornal.

- Preparar um livro de papel reciclado sobre a fauna brasileira.
- O professor poderá levar uma gravura do mar para que os alunos a observem e criem uma pintura imaginando como seria o fundo do mar. Depois fazem uma pintura abstrata a partir da imagem figurativa pintada anteriormente.
- Ao abordar o tema da fauna, pedir que os alunos desenhem seu animal preferido.
- Criar uma história em quadrinhos em que o personagem principal é o animal desenhado pelo aluno. A história em quadrinhos poderá ser feita em papel celofane e apresentada depois no retroprojetor. Essa história em quadrinhos também poderá ser criada no computador.

Culminância

Exposição dos trabalhos artísticos dos alunos.

Em Português

Objetivos

- Desenvolver a autoexpressão por meio de atividades de leitura, construção de textos e dramatizações.
- Desenvolver atitudes de respeito e de preservação ao meio ambiente, diante de situações de degradação ambiental.

• Escrever sobre a preservação do meio ambiente, apresentada em textos, poesias e dramatizações.

Atividades

• Construir um texto coletivo. Sugestão do título: "O que podemos fazer para preservar o meio ambiente?"

• Organizar as informações anteriores em outro texto criado por grupos de alunos.

• Relacionar o tema abordado com as vivências dos alunos.

• Após o trabalho com textos, criar cartazes e murais sobre tudo que foi discutido e escrito.

• Organizar um concurso de poesia. O trabalho poderá ser individual ou em grupo. No final, os alunos poderão criar um livro com todas as poesias.

• Pesquisar e contar lendas sobre a Amazônia e a origem de diferentes frutas e alimentos (guaraná, mandioca).

Contando histórias e lendas

Lenda da mandioca

Há muito tempo atrás, a filha de um cacique deu à luz a uma menina branca como leite. Como a menina era muito diferente dos outros índios da tribo, o cacique resolveu matá-la; mas, em sonho, Sumé, o grande mestre dos índios, disse-lhe que sua filha nada tinha feito de errado e que se ele fizesse alguma coisa com a menina seria castigado. O cacique aceitou o conselho e a menina recebeu o nome de Mani. Ela era muito linda e todos gostavam muito dela. Mas, antes de completar um ano, Mani morreu sem nenhum sinal de doença. Todos ficaram muito tristes e a enterraram dentro da própria maloca, onde todos os dias, segundo costume da tribo, os túmulos eram regados. Para surpresa de todos, um dia brotou no local uma planta desconhecida e, no outro dia, a terra se rachou e as raízes da planta brotaram do chão. Colhidas, elas tinham por baixo da casca a cor de Mani. Os índios acharam que fosse um milagre de Tupã e se alimentaram da raiz, fazendo também uma bebida muito gostosa. Os índios deram o nome a essa planta de "mani-oca" que significa casa de Mani e de cauim, a bebida extraída da mandioca e muito comum entre as tribos brasileiras (MANZO, 2000).

Lenda da criação do Rio Amazonas

Conta-se que a Lua queria se casar com o Sol, mas caso isso acontecesse o mundo seria destruído, porque o Sol queimaria tudo e as lágrimas da Lua inundariam a Terra. Diante disso, o Sol e a Lua não puderam se casar, e cada um foi para o seu lado.

A Lua chorou um dia inteiro e suas lágrimas correram pela Terra buscando o Mar. O Mar não aceitou as lágrimas da Lua e elas tiveram de voltar, mas não conseguiram subir as altas montanhas de onde tinham descido. Tiveram, mais uma vez de descer, formando, no trajeto, o Rio Amazonas (MANZO, 2000).

• Após essas histórias, propor atividades artísticas relativas à cultura popular, envolvendo o negro, o branco e o índio.

Leitura, escrita e interpretação de lendas

• Elaborar um caderno de receitas em que a mandioca seja o ingrediente principal. Pesquisar entre amigos e parentes.

• Transformar a lenda da mandioca numa dramatização.

• Organizar uma visita ao Museu do Folclore. Durante a visita, os alunos em grupo poderão escolher um tema para desenvolver uma pesquisa.

• Recortar de jornais e revistas gravuras sobre os índios: recortes, gravuras, reportagens. Criar um painel usando esse material de pesquisa.

• Elaborar atividades de artesanato: cestos, trançados, trabalhos em argila, pintura.

• Criar uma dramatização sobre a vida cotidiana dos índios. Usar pintura corporal feita pelos alunos. Pesquisar o significado da pintura corporal entre os índios.

Pintura de rosto

Receita 1

Material: 30ml de creme para bebê ou vaselina (vendida em farmácia). Uma colher de chá de anilina colorida para bolo.
Modo de fazer: misture o creme ou a vaselina com a anilina, separando por cor.
Evite pintar próximo dos olhos e da boca.

Receita 2

Material: meio copo de água; uma colher de sopa (rasa) de farinha de trigo ou amido de milho; uma colher de chá de anilina para bolo.
Modo de fazer: levar a mistura ao fogo até engrossar; deixar esfriar e acrescentar a anilina para bolo.

Ao abordar o folclore, os alunos, em grupo, poderão criar um livro de adivinhas. As adivinhas poderão ser lidas na culminância do trabalho, de forma lúdica.

Interpretar os ditos populares:

> Uma andorinha só não faz verão.
>
> Mais vale um pássaro na mão do que dois voando.
>
> Quem não tem cão caça com gato.

- Pesquisar quais os provérbios, adivinhas e ditos populares são conhecidos de familiares, vizinhos e amigos, e seus respectivos sentidos.
- A seguir, montar um correio de sala, para que os alunos possam trocar os provérbios, adivinhas e ditos populares e as interpretações.
- Confecção e revisão de um mural sobre o folclore brasileiro e a contribuição da cultura negra.
- Criar uma dramatização para o teatro de fantoches ou mamulengos.
- Utilizando argila, criar objetos relativos à cultura negra.
- Organizar uma feira de artesanato.
- Os alunos poderão criar um portfólio com todas as informações obtidas durante o projeto.

O que é um portfólio?

O portfólio é uma coleção de itens de pesquisa que revela os diferentes aspectos de um assunto estudado durante um determinado tempo por alunos ou professores.

O portfólio deve ser criativo, narrar e apresentar amostras do trabalho. Deve conter: fotografias, entrevistas, recortes de jornais e revistas sobre o assunto pesquisado, desenhos, relatórios, gravuras, entre outros. A criatividade vai depender de cada um.

Existem vários tipos de portfólios. Apresentamos o portfólio demonstrativo.

No processo de montagem do portfólio, os alunos devem:

- estabelecer o que se vai pesquisar;
- coletar material para o trabalho;
- tirar fotografias;
- pesquisar gravuras de jornais e revistas;
- organizar entrevistas;
- realizar registros de casos.

Culminância

Exposição dos cartazes e murais; do livro de poesias e do portfólio.

Em Ciências

Objetivos

- Identificar meios de preservação do meio ambiente para a continuidade das espécies.

- Estimular o interesse do aluno em preservar a natureza.

- Conhecer a situação de destruição das matas brasileiras e das queimadas.

- Identificar a diversidade de hábitos dos seres vivos de acordo com o seu ambiente.

Atividades

- Mostrar uma gravura de uma floresta ou uma obra de arte de uma paisagem aos alunos. Pedir para que observem a imagem e pensem sobre o que estão vendo. A seguir, o professor os encaminha para um debate sobre o desmatamento motivado pelo lucro na Amazônia e em vários estados do Brasil.

- Os alunos são incentivados a pesquisar sobre o desmatamento nas florestas brasileiras. O resultado desta pesquisa poderá ser um álbum de fotografias ou de recortes de jornais e revistas.

- Os alunos poderão, também, fazer uma coletânea de vegetais conhecidos. Depois, em grupo, montariam um livro ou um mural sobre esses vegetais.

- Pesquisa sobre os estados da água e sobre a necessidade da água na vida do homem.

- Criação de um mural mostrando as funções de: alimentação, defesa, reprodução, locomoção de vários seres vivos de acordo com o ambiente em que vivem.

- Fazer entrevistas com pessoas da família sobre as ervas encontradas na natureza que servem como medicamento.

- Pesquisa sobre os animais: marinhos, terrestres e os que voam. A turma poderá ser dividida em grupos. Cada grupo pesquisará uma espécie de animal. Depois, os alunos poderão construir um quadro classificando esses animais: Onde vivem? O que comem? Voam? Tem penas? Pelos? Como andam? Todos têm dentes? Mordem? Qual a sua cor? Como se defendem?

- Criar atividades de caça-palavras e cruzadinhas.

- Criação de um terrário, sob a orientação do professor.

Culminância

Organização de uma feira de ciências sobre a preservação do meio ambiente apresentando todos os trabalhos e pesquisas dos alunos.

Como se instala um terrário?

Terrário é um pequeno jardim fechado, cuja finalidade é ajudar o aluno a compreender a importância da luz para as plantas.

Pode-se usar um aquário velho para se montar o terrário.

Os terrários poderão ser:

De bosque: no fundo, coloque uma camada de pedras, depois cubra com terra fértil de jardim.

De tanque: coloque uma camada de mistura de areia, musgo e pedregulhos em partes iguais. Depois, plantas, como samambaias e musgos. Os sapos e rãs poderão viver nesse pequeno mundo.

De deserto: coloque terra arenosa onde podem crescer cactos e folhas carnudas.

Semiaquático: num canto do terrário coloque um recipiente com água; o resto deve estar coberto de terra fértil. Nesse ambiente são desenvolvidas plantas encontradas na beira dos rios.

É importante fazer uma seleção dos seres que comporão um terrário; deve-se estudar a relação que existe entre os organismos e o meio ambiente.

É importante, também, que o terrário não fique exposto diretamente à luz, porque certas plantas e animais preferem lugares de sombra. Ele deverá ser colocado em local apropriado, com presença de luz, para as observações dos alunos, em que cada etapa deverá ser explicada pelo professor.

Observação: os seres vivos não morrem dentro do terrário fechado, porque ali existem todos os alimentos para a sobrevivência. O oxigênio não acaba porque, com a terra molhada, os sais minerais e a luz, as plantas fabricam fotossíntese, purificando o ar.

Atenção: esta atividade requer uma pesquisa mais elaborada de alunos e professores e deve ser organizada com alunos de séries mais adiantadas.

Terrário

Em História

Objetivos

- Conhecer a história do homem da pré-história e seus meios de sobrevivência.
- Identificar o estudo e a pesquisa sobre a vida dos índios na selva brasileira e sua luta pela sobrevivência.

Atividades

- Contar a história do homem da pré-história. Como viviam, se alimentavam, caçavam.
- Estudar os costumes indígenas na selva. Como viviam os índios na época do descobrimento e como vivem hoje? As florestas são as mesmas?
- Fazer uma maquete de massa de modelar retratando uma aldeia indígena.

Culminância

Exposição das maquetes.

Em Geografia

Objetivos

- Reconhecer no mapa do Brasil a região amazônica.
- Identificar as legendas do mapa.
- Relacionar os diversos tipos de solos que servem para plantação.

Atividades

- Ampliar o mapa do Brasil, e, depois de uma pesquisa, assinalar no mapa os locais em que a vegetação ainda é intensa e em que locais a vegetação foi destruída pelo homem.
- Estudar o solo brasileiro: terra rica para plantação, solo árido, como o deserto, terra adubada pela mão do homem.
- Para brincar e aprender, confeccionar um jogo de caça ao tesouro.

Culminância

- Exposição do mapa e de outras atividades desenvolvidas pelos alunos.

Em Matemática

Objetivos

- Identificar formas geométricas ao usar caixas de sucata para construir objetos.
- Registrar resultados em uma tabela.

Atividades

- Ao observar uma gravura de uma cesta com frutas, os alunos poderão agrupar os elementos por tamanho, cor, altura, entre outros.
- Usar caixas quadradas e retangulares para atividades de geometria. Poderão pintar e fazer jogos e brinquedos com essas caixas.
- Solicitar que os alunos façam uma lista com o nome das árvores que eles conhecem. A seguir, separar as árvores que dão frutos, as que dão flores e as que não dão nem frutos e nem flores. Fazer depois uma tabela com os elementos da lista.

Culminância

Exposição de jogos e brinquedos.

Conclusão

Toda mudança envolve pensamentos divergentes e, portanto, questionamentos. Diante disso, dirigimo-nos a todos os educadores que estão envolvidos com uma educação transformadora, direcionada para a criatividade.

Esta proposta de ensino de Arte procurou apontar caminhos para que o educador trabalhe as linguagens artísticas de maneira interdisciplinar, uma vez que essas linguagens permitirão que o aluno vivencie a emoção, a sensibilidade, o pensamento e a criação. Isso poderá acontecer por meio da sua produção artística e também no encontro com as obras de grandes autores.

Entender que arte é conhecimento é o ponto fundamental para esse novo enfoque do seu ensino. Por meio da arte, desenvolve-se a sensibilidade artística, o senso crítico e a visão estética do aluno.

É importante ressaltar que toda atividade voltada para o aluno com objetivo de desenvolver a observação, a percepção e a imaginação não deve estar desvinculada de atividades lúdicas, que são elementos fundamentais no ensino.

No final, fica uma observação: não foram especificadas aqui as atividades referentes a cada série. Cabe ao professor selecionar e adaptar o que considerar adequado ao nível de sua turma, ou seja, o que é relevante para o aluno praticar e aprender. Também cabe ao professor elaborar novas atividades, de acordo com a sua criatividade. Agora é com você, professor!

Referências

ALVES, R. *Conversas sobre educação.* 6. ed. Campinas: Verus, 2003.

BRASIL – Secretaria de Educação Fundamental. *Parâmetros Curriculares Nacionais/Arte.* 2. ed. Rio de Janeiro: DP&A, 2000.

COELHO, P. "Da comunidade com os homens". In: *Revista O Globo*, ano 1, n. 21, 19/11/2004, p. 16.

DRUMMOND DE ANDRADE, C. *A paixão medida.* 4. ed. Rio de Janeiro: Record, 1996.

FERREIRA, A. *A criança e a arte*: o dia a dia na sala de aula. 4 ed. Rio de Janeiro: Wak, 2012.

FREIRE, P. *Pedagogia da autonomia* – Saberes necessários à prática educativa. São Paulo: Paz e Terra, 1996.

HORTA, C.F.M.M. & MANZO, M. *O grande livro do folclore.* Belo Horizonte: Leitura, 2000.

MEYER, I.C.R. *Brincar & viver* – Projetos em Educação Infantil. 2. ed. Rio de Janeiro: Wak, 2004.

PORTINARI, C. *Portinari, o menino de Brodósqui*. 2. ed. São Paulo: Livroarte, 2001.

PORTINARI, J.C. (coord.). *Projeto Portinari*. Rio de Janeiro: PUC-Rio [Disponível em www.portinari.org.br].